U0856180

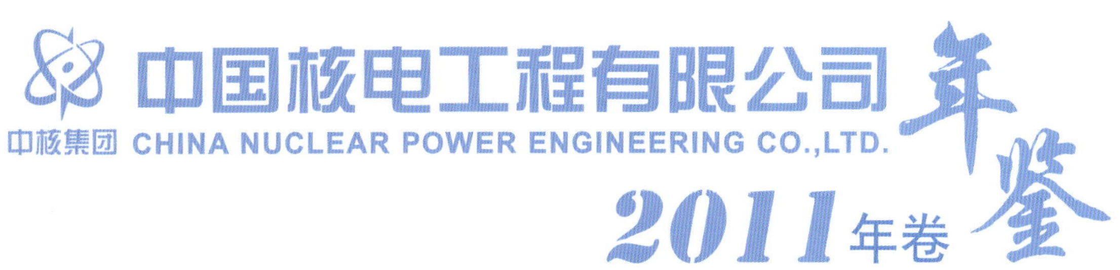

中国核电工程有限公司　编

CHINA
NUCLEAR
POWER
ENGINEERING
CO., LTD.

中国原子能出版社

图书在版编目(CIP)数据

中国核电工程有限公司年鉴.2011年卷/中国核电工程有限公司编.
—北京:中国原子能出版社,2013.11
ISBN 978-7-5022-6090-3

Ⅰ.①中… Ⅱ.①中… Ⅲ.①核电工业-工业企业-中国-2011-年鉴
Ⅳ.①F426.23-54

中国版本图书馆CIP数据核字(2013)第269121号

中国核电工程有限公司年鉴(2011年卷)

出版发行 中国原子能出版社(北京市海淀区阜成路43号 100048)
责任编辑 孙凤春
装帧设计 崔 彤
责任校对 冯莲凤
责任印制 潘玉玲
印　　刷 北京盛通印刷股份有限公司
经　　销 全国新华书店
开　　本 787mm×1092mm 1/16
印　　张 12.75　　彩 插 12
字　　数 318千字
版　　次 2013年12月第1版 2013年12月第1次印刷
书　　号 ISBN 978-7-5022-6090-3　　定 价 166.00元

网　　址:http://www.aep.com.cn　E-mail:atomep123@126.com
发行电话:010-68452845

《中国核电工程有限公司年鉴（2011 年卷）》

序

在“十一五”我国核电事业的春天里，中国核工业集团公司以“集团化运作、专业化经营”的经营方针为指导，成立了中国核电工程有限公司。2010 年是公司重组改制的第三年、“十一五”工作的收官年，也是科学谋划“十二五”发展，为公司健康快速发展打好基础、起好步的攻坚年。

为了更好地总结公司 2010 年的各项工作，同时密切公司和社会各界的交流沟通，加强对外宣传，公司决定编辑、出版《中国核电工程有限公司年鉴（2011 年卷）》。

2010 年，公司进一步践行和完善集设计、采购、施工、调试于一体的专业化、规范化核电建设管理模式，确保了所有项目重大节点的顺利实现：福清核电项目和方家山核电项目 2 号机组比计划提前 3 个月实现了 FCD 目标，海南昌江核电项目 1 号机组从正挖到具备 FCD 条件仅用了 9 个月的时间，中核四川环保工程有限责任公司核废物处理总承包项目完成了国防科工局年度考核目标；同时，紧抓中核集团实施科技重点专项的契机，瞄准国内外核电市场，大力推进先进核电技术攻关，在 CP1000、ACP600/1000 的研发设计及 AP1000 的消化吸收等方面取得了一系列重要成果；公司还顺利通过了“国家高新技术企业”认证，并从全国几千家候选工程咨询单位中脱颖而出，成为国家发改委认可、核工业系统内唯一的具有咨询评估资格的咨询机构……这些丰硕成果的取得，离不开集团公司的正确领导，离不开集团兄弟单位和社会各界的大力支持，更离不开公司广大干部员工的上下一心、和衷共济、共同奋斗。2012 年 10 月，国务院批复了《核安全与放射性污染防治“十二五”规划及 2020 年远景目标》；2012 年 10 月 24 日，国务院常务会议再次讨论并通过了《核电安全规划（2011—2020 年）》和《核电中长期发展规划（2011—2020 年）》，我国核电事业因“福岛核事故”沉寂 19 个月后获得重启，开始恢复正常建设。随着经济发展能源需求的日益增大，低碳经济概念逐渐深入人心，核电的战略地位和作用日益凸显，我们对“十二五”后几年及中长期的核电发展前景充满希望。

《中国核电工程有限公司年鉴（2011 年卷）》记载了公司在 2010 年取得的成绩，展示了公司干部员工的风采，忠实记录了公司不断发展、不断前行的足迹。我期望，在公司发展的进程中，《中国核电工程有限公司年鉴》能够弘扬公司文化，发挥承载历史、展示形象、承前启后、促进科学发展的作用，为公司乃至核工业事业的安全高效发展贡献一份力所能及的力量。

中国核电工程有限公司总经理 刘巍

编辑说明

一、《中国核电工程有限公司年鉴》（以下简称《公司年鉴》）的编辑、出版旨在全面系统地载录中国核电工程有限公司的发展历程，为公司各单位（部门）和职工提供信息资料，为各级领导决策和管理工作提供参考依据，也为社会各界了解我公司提供一个信息平台。

二、《公司年鉴（2011 年卷）》采用分类编辑法，主体结构分为类目、分目、条目 3 个层次，条目下设各级子目，通过多层级结构描述 8 个类目内容，即特载；股东会、董事会、监事会；组织机构及负责人名录；生产经营和科研工作；公司管理情况；党、纪、工、团工作；分支机构及附录。附录包括大事记；荣誉栏；规章制度清单及质量/环境/职业健康安全管理体系程序清单。全面载录公司 2010 年生产经营、工程建设、公司党建等工作情况。文中记述时间，原则上截至 2010 年 12 月 31 日。

三、本年鉴编撰工作得到了各单位（部门）的大力支持。编撰工作由公司总经理办公室牵头，各单位（部门）指定专门的负责人，并搜集整理各单位（部门）年度工作情况总结汇报，在形成年鉴初稿后，经过各级领导审核反馈，编撰委员会通过反复的查漏补缺、不断完善，最终由中国原子能出版社出版，形成《公司年鉴（2011 年卷）》。在此，对给予帮助的公司各单位（部门）及社会各界表示感谢。

四、由于年鉴供稿人员众多，编撰人员能力有限，对可能出现的纰漏，敬请读者指正。

《中国核电工程有限公司年鉴》编辑部

2010年3月23—26日，时任国务院副总理张德江参观了解公司在第十一届中国国际核工业展览会展台。

2010年3月23—26日，时任国务委员兼国防部长梁光烈参观了解公司在第十一届中国国际核工业展览会展台。

● 2010年3月23—26日，时任国务委员兼国务院秘书长马凯参观了解公司在第十一届中国国际核工业展览会展台。

● 2010年3月23—26日，时任国务委员兼公安部长孟建柱参观了解公司在第十一届中国国际核工业展览会展台。

2010年1月30日下午，中国核工业集团公司党组书记、总经理孙勤亲临方家山核电工程现场视察并慰问广大员工。

2010年3月23—26日，时任中国核工业集团公司党组书记、总经理孙勤参观了解公司在第十一届中国国际核工业展览会展台。

● 2010年6月4日下午，国务院研究室唐元司长一行，到公司就我国核电及相关产业的改革和发展情况进行专题调研。

● 2010年7月30日—8月26日，中国核工业集团公司党组成员、副总经理吕华祥先后到方家山、田湾、福清、海南昌江、桃花江核电现场调研并检查指导工作。

2010年8月5日，中国核工业集团公司党组成员、副总经理吕华祥到公司及北京中核东方控制系统工程有限公司检查指导工作。

2010年9月13日，中国核工业集团公司党组成员、副总经理邱建刚来公司调研并检查指导核电前期工作。

2010年11月21—23日，中国核工业集团公司副总经理余剑锋率安全检查专家组，到海南昌江核电现场检查指导安全生产工作。

2010年12月6日，中国核工业集团公司党组成员、纪检组组长李学东带队到公司检查指导安全环保工作。

2010年4月21日，由公司承担总体工程设计和核岛总包设计的岭澳二期核电站3号机组实现首次装料成功，提前9天完成该一级里程碑，标志着我国自主设计、自主制造、自主建设的首座百万千瓦级压水堆核电站正式进入带核运行阶段。

2010年4月25日，海南昌江核电工程开工仪式隆重举行。国家发改委副主任、国家能源局局长张国宝，国家能源局副局长钱智民，海南省省委书记、省人大常委会主任卫留成，海南省省委副书记、省长罗保铭，中国核工业集团公司总经理孙勤，中国核工业集团公司副总经理杨长利出席开工仪式。

2010年5月13日，由公司分包设计的中国先进研究堆（CARR）实现首次临界。

2010年5月28日，福清核电现场举行1、2号机组核岛安装工程开工仪式，标志着1、2号机组核岛安装工程由前期准备和车间预制阶段正式转入现场安装阶段。

2010年6月1日，方家山核电工程现场举行秦山核电厂扩建项目（方家山核电工程）核岛安装工程开工仪式，标志着方家山核电工程的建设重点逐渐由土建转向安装。

2010年7月8—9日，田湾核电站扩建工程5、6号机组核岛负挖基槽通过国家核安全局验收，标志着5、6号机组核岛进入土建工程施工准备阶段。

2010年8月18日，福建福清核电项目1号机组提前合同计划81天实现穹顶吊装，标志着福清1号机组的重点建设由土建阶段转向安装阶段。

2010年9月28日，方家山核电工程1号机组反应堆厂房提前合同计划79天实现穹顶吊装，标志着1号机组从土建施工阶段全面进入安装阶段。

2010年11月21日，海南省能源建设一号工程、第一座建立在少数民族地区的核电站——海南昌江核电工程2号机组正式开工，标志着海南昌江核电首期工程全面开工建设。

2010年12月31日，福清核电项目3号机组成功实现FCD零点。

● 2010年1月15日，召开公司设备国产化汇报会，就公司承担的福清、方家山、海南等核电项目国产化设备的制造情况和后续项目设备国产化进展情况，向国家能源局和中国机械工业联合会作了专题汇报。并针对国产化发展的方向进行了广泛的交流和讨论。

● 2010年1月27日，公司2010年年度工作会议在京召开。会议对公司2009年的工作进行了全面总结，并对2010年的重点工作目标和工作计划进行了部署。

2010年1月28日，公司召开第一次党员代表大会。本次大会全面总结了公司临时党委和临时纪委近两年来的工作，提出了今后三年公司党的建设的主要工作任务。

2010年5月4日，公司举办“炫动青春·激情飞扬”五四青年节主题拓展活动。

2010年6月24日，公司组织新党员参观抗日战争纪念馆。

2010年7月6日，“中国勘察设计协会第五届会员代表大会、全国优秀工程勘察设计奖颁奖大会”在京举行，公司李晓明总经理当选为中国勘察设计协会第五届理事会副理事长；公司“秦山二期核电核岛和核岛BOP工程”荣获全国优秀工程勘察设计银奖。

2010年7月6日，公司第三届足球赛暨“核能经济杯”足球赛正式开幕。

2010年7月21日，公司总部2010年新员工入职培训班开班典礼隆重举行，总经理李晓明、党委书记兼副总经理杨朝东分别发表致辞。

2010年8月30日，公司成功举办题为“你的起点，我们的未来”的2010年度迎新晚会。

2010年9月19日，公司排演的情景现代舞《激情中核人》参加中核集团“庆祝核工业创建55周年文艺演出”活动。

2010年10月23日，公司在京召开第二届职工运动会。

2010年11月15日，公司第二届篮球联赛暨“核采杯”篮球赛正式开幕。

● 2010年12月1日，公司2009—2010年度团委表彰大会在科技楼报告厅召开，公司团委对“五四”优秀团员、优秀团干部、先进团支部以及青年优秀论文获奖者进行了表彰。

● 2010年12月30日，公司在京召开股东会第五次会议、第一届董事会第六及第七次会议、第一届监事会第六次会议，中国核工业集团公司副总经理吕华祥、集团公司副总经理兼公司董事长余剑锋、集团公司总经理助理兼公司总经理李晓明出席，会议选举吕华祥为公司新任董事长。

目　　录

第一部分　特　　载

科学发展　做优主业　抢抓机遇
努力开创公司安全高效发展新局面

——在公司2011年度工作会议暨一届二次职工代表大会上的报告

李晓明

2011年1月17日

同志们：

中国核电工程有限公司（简称公司）2011年度工作会议暨一届二次职工代表大会今天开幕了。

会议的主要任务是：认真学习领会党的十七届五中全会、中国核工业集团公司（简称集团公司）年度工作会议精神，紧密围绕集团公司发展理念、经营方针和“十二五”工作要求，回顾和总结公司2010年和重组改制三年来的工作，明确公司面向“十二五”的发展思路，部署公司2011年的工作，动员公司全体干部员工为圆满完成2011年任务、实现“十二五”良好开局而继续携手奋斗，努力开创公司安全高效发展新局面。

下面，我代表公司做工作报告。

2010年工作进展

2010年，是公司首个考核任期和“十一五”工作的收官年，任务繁重，责任重大。一年来，在集团公司党组的正确领导下，公司着力把握工作的方向和重点，创新机制、深化改革、强化管理、真抓实干，各总包工程建设扎实推进，核电、核化工、核燃料等主业核心竞争力继续增强，各项工作均取得较好成绩。

一、公司经济继续实现快速增长

2010年，公司实现主营业务收入95亿元，同比增长77.9%，利润总额5.1亿元，同比增长45.7%，EVA经济增加值4.2亿元，均超额完成集团公司年初下达的经济考核指标。公司主营业务收入、利润总额都已名列集团公司各成员单位前列。在2010年度全国勘察设计行业百强评比中，公司主营业务收入排名也已跃居至第8位。

二、核电、核化工、核燃料等主业继续保持良好发展势头，核心竞争力进一步增强

（一）核电科研生产工作取得新成绩

1. 大力推进先进核电技术攻关，提升公司核心竞争力

一年来，公司紧抓集团公司实施科技重点专项的契机，瞄准国内外核电市场，大力推进先进核电技术攻关，取得了一系列重要成果：

（1）CP1000技术顺利通过国内专家评审，为实现具有自主知识产权的百万千瓦级核电机组出口，开拓国际核电市场创造了基本条件，入选“国防科技工业2010年度十大新闻”。现已初步确定以福清5、6号机组为潜在厂址，开展相应的技术研究和施工图设计，争取福清5号机组于2011年正式开工建设。

（2）AP1000已完成第一阶段的消化、吸收，基本实现自主化总体设计，TP包技转协议已基本具备签署条件。AP1000三维设计、三门核电5、6号机组前期工作、桃花江3、4号机组前期及可研工作已启动。

（3）ACP600/ACP1000三代核电技术研发列入集团公司重点科技专项。以2013年底具备FCD（浇注第一罐混凝土）条件为目标，按计划完成了ACP600全部7项专题的预研和顶层设计，顺利通过集团评审；围绕核电出口目标，ACP1000研发方案正在进一步完善和细化。

（4）模块式多用途小型压水堆研发列入集团公司重点科技专项。作为专项的重要参与单位和总体单位，公司开展了18项关键技术课题研究和厂址前期工作，完成了首堆示范项目经济性分析和安审策划书编制。

（5）积极参与大型先进压水堆国家重大科技专项，现已与国家核电技术有限公司（简称国核技）有关方面签署AP1000核岛重大关键设计技术研究、国产化AP1000标准设计研究、AP1000核岛工程管理技术研究等协议，参与了CAP1400部分关键技术研发和中国先进核电标准规范体系研究，牵头核级管道设计技术研究，并通过中咨公司评估。

（6）积极参与三明示范快堆项目对俄引进技术谈判和消化吸收，承担了“十一五”核能开发快堆技术预先研究，“快堆核电站关键设计与安全技术研究课题”列入国防科工局“十二五”核能开发规划，参与发起了快堆产业技术联盟。

（7）开展了涵盖ITER（国际热核聚变实验堆）计划、超临界水堆预研、核电废物最小化、核电软件开发等30余项前沿技术和关键技术研发。

2. 核电总承包工程按节点要求顺利推进，落实对在建项目的“四大控制”

目前，公司已成立7个核电项目部，开工建设的总承包机组已达7台。一年来，公司进一步践行和完善集设计、采购、施工、调试于一体的专业化、规范化核电建设管理模式，确保了所有项目重大节点的顺利实现。其中：

福清核电工程总承包项目1号机组提前78天完成反应堆厂房穹顶吊装，2号机组土建阶段关键路径工作顺利进行，3号机组12月31日FCD，4号机组已获开工核准。

方家山核电工程总承包项目1号机组提前79天实现反应堆厂房穹顶吊装，2号机组土建阶段关键路径工作顺利进行。因业绩突出，本项目部被集团公司授予年度突出贡献奖。

海南昌江核电工程总承包项目1号机组于4月25日FCD，2号机组于11月22日FCD，各项工作进展顺利。

田湾核电工程总承包项目5、6号机组进入核准程序，5号机组已于10月底具备FCD条件。

田湾核电工程 3、4 号机组 FCD 前工程总承包框架协议已签订。目前，该项目已获发改委批复，同意开展前期工作。

湖南桃花江核电工程完成了进厂道路、土石方、应急道路的验收，并签订了 1、2 号机组工程总承包框架协议。

徐大堡核电工程总承包项目一期工程已获国家发改委批复，并拟于 2011 年 9 月开工建设。

秦山二期扩建 BOP 项目已平稳度过土建、安装施工期，进入收尾阶段。

在具体的项目管理工作中，公司持续完善“安全为基础、质量为保证、进度为主线、投资为核心”的管理模式，较好地落实了对项目的“四大控制”：

在安全管理方面，公司以重大事故风险点有效监控为核心，不断加强安全生产责任的落实，加大安全生产资金投入，坚持由公司领导带队开展安全生产检查，各总包项目年内未发生责任范围内的一般及以上安全生产事故和环境污染事故，建安承包商重伤事故率为 0，做到了“三个加强”，实现了“五个杜绝、四个确保、三个推进”的工作目标。安全生产基础持续巩固，对项目的安全监管水平不断提升。

在质量管理方面，公司积极推进三体系的持续改进并保证有效运行，开展体系文件和项目质保大纲文件的系统性评审、修订工作，落实对设计分包院、设备/建安承包商的质保监察，开展对设备监造工作质保监督 15 次，严格纠正措施并跟踪验证，质保监察、监督中发现的纠正行为要求按期关闭率达 85.51%，各项目现场建安二、三类不符合项按期关闭率达 92.57%，全年未发生核安全质量事件/事故。

在进度控制方面，公司进一步完善了进度控制体系，在完成在建项目及核电前期项目进度编制或升版的同时，开展了二代改进型机组建造进度标准化工作；开展了对在建项目进度执行情况的持续跟踪、监督。

在费用控制方面，公司先后完成了各项目全寿期及 2010 年费用计划，并对其执行情况进行了定期跟踪、分析与评价；改进了分包合同支付审批流程；加大了对核电项目建安、设备支付资金的调剂及垫资力度；完成了福清项目核岛反应堆厂房图纸预算工程量在土建三级进度计划中的加载工作，为进一步应用“赢得值”管理打下基础；正式发布了核电项目风险控制大纲，编制了核电项目风险管理工作手册，开展了福清 1、2 号机组年度主要风险的识别工作，在方家山项目施工管理平台中增加了风险管理数据库。

3. 核电设计、运行技术服务、核安全审评、监理工作取得新成绩

在核电设计方面，秦山核电二期扩建工程、岭澳核电站二期工程按时完成年度设计任务，中国先进研究堆、实验快堆分别于 5 月 31 日、7 月 21 日实现首次临界，公司新承接台山核电站 1、2 号机组核岛 HVAC（暖通空调）系统施工图设计和设备采购任务。

在核电运行技术服务方面，公司除继续承担实验快堆的运行技术服务工作、积极参与中核核电运行技术服务公司筹建外，还承接了秦山二期 1、2 号机组 10 年定期安全评价、淡水厂改造 PSA 服务和大亚湾和岭澳一期火灾报警系统改造等项目。

在核安全审评工作领域，公司全年共承接民用核安全审评项目 5 项，军用核安全审评项目 4 项。

公司全年新签订各类监理合同 33 项，巴基斯坦恰希玛 C3/C4 核电工程监理合同于年中签订。在行业评比中，监理公司荣获“先进工程监理企业”称号，并获评“核工业部级优秀工程监理奖”一等奖。

4. 核电前期工作取得积极进展

龙游、南阳核电项目已完成可研工作，现正积极配合筹建单位争取早日获得“路条”；三明、万安核电项目正在开展可研工作；甘肃核电项目已完成项目建议书编制；莆田、漳州、吉阳、荆门核电项目正积极配合筹建单位争取早日进入国家规划；川东、湖南二核项目已完成初可研评审及项目建议书编报；川南、抚宁核电项目正在编制项目建议书；三门湾、海丰、抚州核电项目正在筹备初可研评审；云南、吉林核电项目正在开展初可研；广西、贵州、陕西、黑龙江核电项目的厂址普选已展开。

（二）核化工攻坚克难，研发设计与工程总承包全面推进

（1）经过二十多年的坚持和持续技术攻关，公司负技术总责的中核四〇四有限公司（简称四〇四厂）中试厂于 12 月 21 日取得了 100% 热调试的圆

满成功。它标志着我公司已全面掌握了动力堆乏燃料后处理技术，并拥有了该项技术的全部知识产权。中试厂热调试的成功，使我国成为世界上少数几个掌握动力堆乏燃料后处理技术的国家之一，增强了我国在世界上的话语权，受到媒体的广泛关注，在国内外产生了重要影响。

（2）大型核燃料后处理厂科技重大专项科研工作正式全面启动并陆续与国家签订了第一批、第二批共14项科研项目任务合同书。核燃料后处理大厂对法谈判已签署合作模式备忘录，内陆厂址可研阶段的厂址调查和实验工作任务书的编制已完成。

（3）集团公司核燃料后处理工程技术研发中心和核退役设施与放射性废物处理工程技术研发中心落户我公司，核设施退役与放射性废物治理研发平台建设的首批资金已到位。

（4）中核四川环保工程有限责任公司（简称八二一厂）核废物处理总承包项目有序推进，较好地实现了年度考核节点任务。该项目现已完成所有子项施工图设计并正式提交了工程初步安全分析报告。八二一厂退役治理项目高放废液玻璃固化工程总承包合同已签订，并在年内完成了该项目概念设计阶段的中德联合设计。现场项目部克服百年不遇的强降雨、柴油紧缺、施工场地狭小，以及地下管线、构筑物不明等种种不利因素，较好地满足了工程进度的要求。

此外，公司年内还开展其他核设施退役项目17项，放射性废物处理项目23项。

（三）核燃料优势地位更加巩固

在核燃料领域，公司全年按计划完成科研任务5项，开展设计工作36项。其中：

（1）公司自主研发的大型 UO_2 粉末干法化工转化工艺装置取得了实质性突破，于2011年第2季度开始投料试验。ADU法（重铀酸铵法）陶瓷 UO_2 粉末制备工艺装置改进已成功投入应用并通过成果鉴定。

（2）AP1000、高温气冷堆核电站等新型燃料元件设计技术取得新突破，公司具备了同时开展多条、多种类型核燃料元件生产线设计工作的能力。

（3）实物保护和核应急工程设计能力得到提升，军用核材料工程设计和核工程设计领域业务实现拓展，开展实物保护工程设计任务8项、核事故应急工程设计任务6项，承担了中国工程物理研究院702工程、703工程项目的设计任务。

（四）核设备集成供货逐步做大

（1）燃料运输容器研制列入集团公司重点科技专项，公司具有完全自主知识产权的CNFC—3G型新燃料运输容器研制成功，并完成9 m跌落试验和1 m贯穿试验。

（2）中低放废物桶外水泥关键设备的研制已通过集团公司鉴定，填补了国内空白并达到国际先进水平，现已成功向核电、核化工项目供货。

（3）北京中核东方控制系统工程有限公司（简称中核东方）已完成从初创期到创业发展阶段的过渡，拥有了具有完全知识产权的非安全级控制系统平台Nicsys1000。

（4）河南核净洁净技术有限公司（简称核净公司）年产过滤器31 218台、净化设备709台，获得专利1项，完成3项专利申报，超高效ULPA过滤器成为“国家科技型中小企业创新基金项目”。

（5）装卸料机研制已完成工程可用的样机；辅助给水汽动泵等9项核电国产化研发产品通过专家鉴定；核岛管道防甩装置及安全壳过滤排放系统研发取得阶段性成果。

（五）民用工程设计工作健康发展

（1）公司扩大了在垃圾焚烧发电厂设计行业的品牌优势，年内承接项目9个。其中，公司设计的广州市李坑生活垃圾焚烧发电二厂是目前国内最大处理规模的垃圾焚烧发电厂；深圳市老虎坑污泥处理厂建成后将成为国内第一个大型污泥干化焚烧处理厂。

（2）公司在郑州民用建筑市场的占有量已达到该市年度总开发面积的1/4；公司承接的华师大淮海路校区改造工程设计扩大了在上海地区民用建筑设计领域的影响；中国核电城（海盐）概念规划实现了将特种行业（核电）规划与城市规划的融合；金地格林小镇设计项目荣获建筑创作大奖入围奖，成为核工业系统首次获得的该种类奖项。

三、多项目管理模式持续改进，核电建设专业化水平进一步提升

一年来，结合开展多项目管理的实际需要，公司进一步加强了对标学习，结合美国博克德公司相关管理咨询报告提出的改进建议、集团公司巡视组对公司项目管理工作提出的反馈意见，对公司的多项目管理模式实施了持续改进。

（1）按照公司管理与项目管理要清晰、合理界定工作范围、建立平衡联系的思路，对总部部门的职责范围进行了调整，并开展了项目部组织机构和职能职责优化工作。经过调整，公司总部部门的职责进一步被定位为主要负责提供管理程序、管理工具、管理策略和人员培训等工作，项目部的职责进一步被定位为负责开展项目的组织和实施工作。同时，公司相应完善了分级授权管理体系，保障了总包项目部在授权范围内相对独立地运行；新编制的核电工程总承包项目部绩效考核办法，更加适应对项目有效实施“四大控制”的需求，并进一步确认了各项目部的权能与责任。

（2）形成了标准化的核电项目部内设组织机构设置、职能职责划分和项目现场穹顶吊装节点前的岗位配置。项目部专职总经理逐步到位，公司领导兼任各项目总经理、项目关键管理人员分散在总部各职能部门且身兼多职的情况得到明显改善；项目部总部程序、现场管理和工作程序的标准化建设均取得阶段性成果。

（3）逐步理顺了分公司参与核电设计的路径，核电设计分工更趋合理、核电设计力量得到壮大。目前，河北、郑州分公司的核电设计能力已有显著提升；分公司通过参与设计、部分负责、分块负责“三步走”参加施工图设计的工作方式已经形成；公司总部设计所主要负责研究确定核电项目技术方案及新机型研发，分公司负责施工图设计和现场服务工作的分工模式已初步形成。

（4）公司的市场及客户服务意识得到进一步强化。努力为业主提供安全性、经济性更佳的核电工程项目，注重加强与业主的沟通、配合，力争快速反应并尽力满足业主提出的需求已越来越成为公司员工的自觉行动；同时，公司也按照业主要求以更加积极的态度继续全力支持和推进二代改进型项目

的设计标准化和设计优化，争取进一步降低建造成本，提高市场竞争力。

（5）初步建立了总承包项目的经验反馈机制。先后制定了保障项目间经验反馈机制顺利运行的管理制度，开展了岭澳二期、秦山二期扩建项目的经验总结工作，并对原秦山二期、岭澳二期积累的数据文件开展了核电项目生命周期内公司设计人员投入的测算，建成了质量经验反馈库、审核/监察问题库、设备制造和土建施工安装不符合项库，实现了总包项目部的质量信息共享。

（6）项目信息化建设取得重要进展。P6 软件被应用于对总包项目的管理；项目工程文档管理系统、进度计划管理系统、现场施工管理系统、福清和方家山项目仓储管理系统陆续上线使用；合同采购管理系统稳步推进；公司继续针对多个项目开展了三维设计工作。

（7）合同管理模式得到优化，合同文本标准化取得积极成果。公司编制了涉及总承包报价工作的管理程序多项；核电工程总承包合同标准化文本的主条款及部分附录具备签页条件，前期项目合同、建安分包合同及设备采购合同的文本标准化等均取得积极进展。

（8）初步建成总承包项目全成本核算体系，项目资金管理和预算管理得到加强。为此，公司开展了总包项目月度滚动预算编制工作，以此预测总包项目合同现金流实时状况，进行偏差分析，及时发现问题，监控建设项目的工程成本。

（9）实施了对多项目采购管理体系的持续改进，进一步完善了标准化的设备采购工作程序、管理程序，优化了采购管理流程，进一步清晰了采购职能管理和项目管理间的关系；制定了多项目下大宗材料调用方案，并编制了多项目管理下安装工机具的调用分析报告。

（10）调试准备工作取得重要进展。在集团公司和兄弟单位的大力支持下，公司已成立调试中心和福清/方家山联合调试队，公司调试工作人才队伍实力得到加强。

四、公司管理向建设现代企业制度迈出重要步伐，管理创新工作进一步增强了公司的管控能力

2010 年，公司朝着建立现代企业制度的方向，着力抓好基础管理，大

力支持管理创新，促进了管理水平提高和管控能力的增强。

（1）公司战略规划工作、目标管理工作得到加强。形成了“以核工程研发设计为龙头、工程总承包建设为核心、核设备集成为特色的国际型、综合性工程公司”的中长期发展愿景。“十二五”规划已完成上报版的编制。公司工作目标管理办法完成修订并发布，公司所属单位与公司签订了年度目标考核责任书，进一步完善了目标层层分解，逐级传递的机制。

（2）基础管理工作建设取得新成绩。公司的规章制度和业务流程建设稳步推进。初步建立起了各业务管理领域的基本制度体系，公司规章制度在协同办公系统的上传、分类工作已经完成，制度执行情况的检查工作得到加强，信息传递基本通道更加顺畅，年内出版公司季报 4 期。

（3）科技创新管理机制更加完善，研发投入进一步加大。正式发布了科技创新评价及奖励办法并对先进单位落实了奖励。出台了自主投入研发项目管理办法，设立了科技创新基金，全年研发总投入 2. 8 亿元，已近主营业务收入的 3% 。公司被授予省部级和集团公司科技进步奖 14 项，范仲、邢继成为集团公司首批首席技术专家，邢继获钱三强科技奖。全年新申请专利 32 项，已获专利权 17 项，承担国、行标编制研究任务 129 项，发布国标 4 项、行标 22 项，成为国内承担核电标准编制项目最多的单位。公司科技创新研发平台建设取得重要进展，实验室工作健康发展。

（4）全面预算管理继续深化，财务精细化管理水平得到进一步提升。年内陆续完善了预算授权审批制度和流程，加强和规范了预算的编制和执行分析；扎实推进了公司财务管理和会计核算的各项工作；通过税收政策研究和内部制度建设，较好地实现了对资金和税务风险的防范，提高了资金使用效益；完成了预算控制与报销系统业务流程梳理及系统试运行与培训。公司被评为集团公司“企事业财务预算管理三星级单位”、“财务决算优秀单位”和“资金集成与内部结算先进单位”。

（5）持续推进了人事工作向人力资源管理工作的深入转型。公司薪酬分配体制改革方案已具备提交公司职代会审议的条件；全员绩效考核工作取得阶段性成果，初步建立起全员业绩考核体系；公司技术用工得到积极推进，多元用工比例有较大提高，和谐劳动关系建设取得积极成果；建立了规范的公司干部管理制度，开展了公司干部交流工作并着手进行了竞争性的干部选拔工作；公司与哈尔滨工程大学的人员培训合作项目已启动，出色完成了利比亚技术人员来华接受培训任务并办好了其他各类计划内培训班次；员工薪酬水平继续得到改善，企业年金进入建立个人账户阶段；人员招聘工作取得新成绩。

（6）全面风险管理体系初步建立，内审工作取得新进展。公司年内陆续完成了风险管理制度、程序、信息等基础性工作，落实了人员培训工作，并逐步理顺了风险管理的接口，开展了针对重点业务的专项风险评估与检查，实施了对公司重大风险的管控，初步形成了公司风险管理评估手册和公司法律风险防范体系。在审计工作方面，根据“全面关注、突出重点、注重实效”的原则，重点开展了对物资设备采购、工程分包等的合同过程审计和招投标审计工作，完成了对子公司的全面检查。

（7）信息化建设整体目标逐步明确，对公司管理和项目管理的支撑作用进一步显现。公司全面启动的信息化规划项目，确定了“重点建设、深化应用、持续改进”的发展路径。完整覆盖公司总部、分公司、项目现场的 IT 基础设施体系初步建立。

（8）国际合作不断取得新成绩。公司引进外部智力项目和新申请国际原子能机构 TC 项目各 6 项，承办或参与承办国际会议 10 次。组织人员积极参与集团公司核电出口推广工作，向沙特、突尼斯、阿根廷、埃及等国介绍和推广 CP1000 和 ACP 系列核电技术，开展了巴基斯坦卡拉奇核电站、阿根廷和埃及核电项目前期技术研究和设计工作。

（9）保卫保密工作取得新成绩。公司保密基本制度体系已经建立，涉密网顺利通过国家测试，全年未发生任何失泄密事件。举办了核能大厦消防疏散演习活动并于年底集中开展了消防和交通安全专项检查，确保了公司的内部稳定和安全。

（10）资产和后勤管理工作为公司事业发展提供了重要保障。2010 年，公司充分内部挖潜，解决了年内公司总部新增员工的办公用房问题，河北分公司办公楼的购置、装修工作已完成，总部办公楼 A、C 座部分房间的装修工作已启动，C 栋老旧空调系统更换已落实，员工办公环境得到进一步改善。总部档案搬迁和档案楼的装修改造工作顺利进行。发布了《总承包项目现场后勤管理暂行办法》，固定资产管理工作得到加强。对现场项目部办公生活设施及车辆购置实施了标准化规范化配置，简化了总部员工办公设备标配的审批流程。

五、党建和党风廉政建设取得新成绩，创先争优工作深入开展

公司认真贯彻集团公司党建工作会和年初公司党代会精神，精心抓好集团公司党建工作 7 个文件的落实，着力推进学习型党组织建设、党支部绩效考核工作，加强日常党务管理工作。全年组织党委中心组学习 11 次，制定并发布了公司贯彻落实集团公司党建工作会议精神的系列文件，初步形成了公司开展党建工作的规章制度体系，组织开展了公司成立以来的首次“四优”党员评选表彰工作，成立了公司企业文化建设领导小组，注意加强公司宣传工作和企业文化建设工作，开展了包括组织新党员入党宣誓仪式在内的丰富多彩的主题党日活动，召开了公司首届党支部书记工作经验交流会，规范了现场流动党员管理和公司党员发展工作。创先争优活动起步良好、组织有序、进展顺利，形成了“五到位、四结合、一突出”的工作思路，现已完成活动第一、第二阶段的工作，并已取得阶段性成效，成为推动公司生产经营和科学发展的新动力。陈建民、王长东、刘伟分别被评为中央企业先进个人、新时期弘扬核工业精神先进个人、中央企业青年岗位能手。

2010 年，公司工会、团委等群众组织发挥各自优势，成功举办了职工运动会、迎接新员工文艺晚会、篮球赛、足球赛、青年优秀科技论文评选表彰等大型活动，首届职工文艺汇演正在筹备中。

公司党风廉政建设扎实推进，较好地完成了年度惩防体系建设任务，廉洁从业教育培训取得良好效果，效能监察工作围绕重点业务领域扎实推进。集团公司党组年内对公司开展了巡视工作，形成了巡视报告及反馈意见，对公司成立以来的工作予以了充分肯定，并提出了改进建议。以落实巡视反馈意见整改工作为契机，公司对现阶段的公司管理、项目管理以及科研生产工作进行了系统梳理，明确了整改要求及进度安排，现正扎实推进整改措施的落实。

三年来的工作回顾及经验总结

从2007年12月27日至今，公司已走过三年极不平凡的历程。三年来，在集团公司党组的正确领导，兄弟单位、各界朋友的大力支持下，公司全体员工奋力拼搏，实现了公司事业发展的重大飞跃，取得了一系列标志性成果。

一、实现了从研究设计院到工程总承包公司的转型

公司对未来的发展方向重新定位，并进行了主要业务领域的选择。通过组建按照职能划分新总部机构，迅速建立起了满足承接大型核电工程总承包项目需要的工程建设管理、商务合同管理、设备采购管理和调试启动管理等业务模块。公司的法人治理结构逐步得到规范，建立了董事会领导下的总经理负责制，形成了一套完整的适应公司要求的标准、规范、程序性文件和工作手册，快速凝聚和形成了公司新的核心竞争力。

二、平稳地完成了三大设计院的改制重组

公司充分尊重和考虑三地实际，注重整体协调，按地域重新组建了分支机构，明确了总部和各分支机构的主要业务领域及分工协作关系，帮助分公司快速提升了参与核电设计的能力，并建立了适应总部与分公司、子公司间的管理办法。在此过程中，三家单位融入公司的干部员工也都表现出了高度的政治觉悟，积极从大局出发，自觉把思想和行动统一到集团公司党组的决策上，真心拥护、支持和服从整合，坚决服从组织安排，正确对待个人的进退流转。公司也较好地实现了人员安排上的“以人为本”和“人尽其才”，及时促成新的企业文化的凝聚，既保证了重组改制的顺利进行以及重组改制过渡期内公司各项工作的有序开展，又保持了公司队伍的稳定，促进了公司可持续地健康发展。公司也因重组改制，走核电企业专业化发展之路的成效显著，于2009年被授予集团公司十大管理创新成果一等奖。

三、公司经济实力显著增强

三年间，公司主营业务收入平均增速为77%，利润总额平均增速为

51%。2010 年，公司的主营业务收入、利润总额已分别是 2008 年的 3.2 倍和 2.3 倍，实现了三年间公司经济效益的持续快速增长，成为集团公司成员单位中主营业务收入、利润总额名列前茅的单位。公司也因此连年成为集团公司业绩考核 A 级单位。在行业内部的排名中，公司完成合同额已跃升至全国工程总承包企业的第 12 位，主营业务收入已升至全国勘察设计企业的第 8 位。

四、公司开展工程总承包的能力逐步得到各方认可

三年来，公司已陆续组建核电项目部 7 个，总承包开工建设的机组也已达到 7 台并同时承担了八二一厂核化工总承包项目等任务。其间，工程设计在项目建设中的主导优势得到了充分发挥，先后创造了受到广泛赞誉的“福清速度”、“昌江速度”，项目的设计、采购、施工、调试工作稳步推进，安全、质量、进度、费用处于良好受控状态，多项目管理模式初步建立并得到持续优化和逐步标准化，公司作为核电工程总承包专业公司的定位逐步得到了业主、业界的认可。在 2009 年进行的美国博克德公司对公司总承包工作的评估中，专家组认为，公司的项目管理组织机构设置和运行以及程序管理、现场管理等方面是有效的。在 2010 年集团公司党组的巡视工作中，业主和有关各方也对公司快速成长起来的多项目管理能力予以了普遍认可。在建国 60 周年之际，公司还被授予了全国勘察设计行业“十佳工程承包企业”称号。

五、公司专业化特色更加明显，研发实力进一步巩固，核心竞争力持续增强

实施专业化经营以来，公司注意集中全部优质资源于核电、核化工、核燃料等最熟悉的目标业务领域，在实施专业化公司运作，获得巨大规模化经济效益、快速提升工程总承包、多项目管理能力的同时，核电业务板块的带动作用更加明显，核化工、核燃料领域的优势地位也得到了进一步的巩固和提高。公司原有的技术研发设计优势在新的环境下得到更好的巩固，核心竞争力进一步增强。CP1000 成为近期国家唯一具备出口条件的百万千瓦级核电技术，ACP100、ACP600 成为集团公司重点科技专项，将成为集团公司实

施核电“走出去”战略和把握核电差异化发展先机的重要支撑技术，AP1000 的消化、吸收工作正在加紧推进，公司成为国内承担核电标准编制项目最多的单位；中试厂设计项目取得热试成功，大型核燃料后处理厂列入国家重大科技专项；AP1000、高温气冷堆核电站等新型燃料元件设计技术取得新突破，燃料运输容器成为集团公司重点科技专项。公司累计申请专利 112 项、获得专利权 42 项，并先后获得中核集团科技创新先进单位、中核集团成立十周年杰出科技成就奖、中关村高新技术企业证书、国家高新企业证书，成为北京专利试点单位和国家发改委认可的、核工业系统内唯一的具有咨询评估资格的机构。

成绩的取得，离不开国家积极发展核电的大好机遇，离不开集团公司党组的坚强领导和党组“集团化运作、专业化经营”的正确改革决策，离不开兄弟单位和各界朋友的大力支持，离不开全公司 4 600 多名干部职工的顽强拼搏、扎实工作。在此，我代表公司向关心和支持公司事业发展的上级领导、各界朋友、老领导、老同志和公司全体员工表示衷心的感谢和崇高的敬意！

三年来的改革发展，同时也积累了宝贵的经验。那就是：

（1）必须主动融入集团公司的发展战略、产业格局和整体利益链，提高贯彻“集团运作、专业经营、科技兴核、人才强企、精益管理、双资推进”经营方针的自觉性，始终鲜明地高举发展是硬道理的旗帜，坚定地走专业化工程公司的发展道路。

（2）必须深刻认识、准确把握内外部新要求、新形势，加快思想观念转变。彻底打破在我们头脑中长期形成的，落后于现实形势的思维、观念及其方式、方法，摒弃“等、靠、要”的思想，转变价值观、发展观，着力强化市场、竞争、成本、效益、服务等意识，努力为客户创造超乎想象的价值，以此赢得客户的信任、赢得更为广阔的市场；坚持“开放、包容、合作、共赢”的发展理念，拓展与国内外企业的合作模式、领域及范围，主动争取更多的合作伙伴，扩大共同利益，争取公司对更多优质资源和更大市场的有效掌控；重视公共关系工作，争取各方面的理解与支持，创造更好的外部发展环境；熟悉国际核电市场游戏规则，预先做好迎接国际核电市场竞争检验的准备，将“走出去”视为创建“国际型、综合性工程公司”的重要步骤。

（3）必须强调科技创新的引领作用，着力提升公司核心竞争力。科技创新能力是公司提升核心竞争力的根本。以“自主创新、重点突破、军民融合、引领发展”为指导，大力实施“科技兴企”战略，不断加大研发投入，完善科技创新体系和激励机制，整合优化科技资源，重视创新型人才培养。围绕产业发展重点，着力搭建和完善科研与产业紧密结合的平台，为培育公司产业发展优势提供坚强的技术支撑。

（4）必须深化改革，提升公司的经营管理能力和水平，不断加大在公司管理模式、产业结构、科技创新体系、干部人才队伍建设等方面的改革创新力度，为公司事业发展增添生机与活力。

（5）必须增强忧患意识，居安思危。当前，我们正处在核电大发展，并带动其上下游的核燃料、核化工以及核设备集成快速发展的黄金期。机遇前所未有。但越是在这样的时刻，我们越要保持清醒的头脑，越是要居安思危、增强忧患意识。正视问题，在忧患中警醒，公司上下才能化压力为动力，变挑战为机遇。

（6）必须重视党的建设工作，重视反腐倡廉建设，把党组织的政治优势转化为服务和保障中心工作科学发展的优势，弘扬密切联系群众、求真务实、艰苦奋斗、批评与自我批评的良好作风，发挥党组织的政治核心作用。

当然，在看到三年来公司改革发展的巨大成绩并对自身发展经验进行总结的同时，我们也必须落实忧患意识的要求，保持清醒的头脑，对公司在成长和转型期面临的一系列挑战、困难与风险进行系统的梳理，并下决心着力推进解决或应对。主要包括：① 公司主业所涉领域的行业竞争态势逐渐形成，竞争压力增大。核电市场的做大，也促成了核电控股业主多元化、核电总包项目市场化竞争趋势的逐步显现。不仅核电研发设计和建设面临着竞争，核化工、核燃料领域也受到一定的冲击。公司竞争对手不只在国内，还有潜在的国外竞争对手。而且，竞争的方式也不只局限于比规模数量，也在比技术、比管理、比服务、比成本、比质量、比效益、比人才。② 公司需加快掌握以 AP1000 为代表的第三代核电技术，一旦国家对新开工的核电建设项目提出明确的技术限制要求，则公司在技术领域将面临巨大挑战。③ 国内主要核电设备产能偏低，存在着延期交货、影响工程建设进度的风险。④ 公司抵御风险的能力弱，迫切需要科学优化产业布局，拓展与主营业务相关联的产业领域，构建有较强应对能力的多元化经营格局。⑤ 公司干部员工的思想观念转变尚未完全到位，仍存在着研究设计院时期的惯性思维，不能满足创建国际型工程公司的要求，需再着力强化市场竞争意识、客户服务意识，努力增强市场开拓能力。⑥ 公司的技术线建设偏弱，科技创新、核工程研发设计对事业发展的引领作用尚未充分显现，核工程研发设计带头人和骨干、紧缺专业人才队伍培养、建设的力度还不够。⑦ 信息化建设对公司管理和项目管理的技术支撑作用仍需着力加强。

2011 年的主要工作

2011 年，是“十二五”规划的起始年，为公司未来五年的发展开好局、迈好步至关重要。为此，公司全年工作的展开将更加突出集团公司年度工作会议精神的指导和引领作用，围绕集团公司产业布局和公司“十二五”发展思路，突出科学发展的主题，贯穿加快转变经济发展方式的主线，深改革、重管理、强科研、促创新、保安全、抓党建，抢抓机遇，坚定做强做优主业的信心，不懈地探索科学发展观在公司的实现路径，铸造在新起点上公司科学发展的新优势，努力实现公司事业发展质的飞跃。

一、继续保持公司经济的快速发展

2011 年，公司主营业务收入达到 121 亿元，实现利润 6.9 亿元，经济增加值（EVA）4.7 亿元。

二、做强做优核电、核化工、核燃料等主业，着力增强公司核心竞争力

（一）继续做好核电研发设计工作，扎实推进核电总包工程建设

2011 年，公司在核电业务板块要重点推进以下工作：

(1) 继续做好先进核电研发设计工作。包括：① 开展 AP1000 的初步设计，争取完成主要厂房和模块的三维设计，力争 2011 年 3 月前全面接手桃

花江核电项目 1、2 号机组设计管理工作，推动与上海核工程研究设计院（简称七二八院）就该项目设计分包的合同谈判，完成桃花江核电项目 3、4 号机组和三门核电项目 5、6 号机组可研阶段工作，适时启动项目的总体设计；② CP1000 要配合福清核电项目 5 号机组的建设进度，积极开展 FCD 前施工图设计；③ 做好国防科工局核能开发项目核电站非能动关键技术研究等课题的申报工作；④ 配合工程项目进展，开展 ACP600 三代核电技术项目的研发工作，年内完成全厂总平面规划初稿、厂址安全分析报告和选址阶段环境影响报告，配合海外投标需要，积极组织实施 ACP1000 项目研发工作，完成立项、实施方案和总体方案设计，开展关键系统设计和试验验证工作，积极推进小堆项目各子课题研究进展，年内完成方案设计工作并开展初步设计、关键验证试验；⑤ 开展二代改进型核电工程设计技术标准编制工作，最大限度地将成熟设计转化为设计标准。

（2）稳步推进工程总承包项目建设，确保工程建设的节点要求。根据集团公司的整体要求，2011 年，公司总承包的福清核电项目 1、2、3 号机组和方家山核电项目 1、2 号机组及海南核电项目 1、2 号机组全年均需完成 20 个节点目标，福清 4 号机组、田湾 5、6 号机组年内要实现 FCD。根据桃花江项目和福清 5、6 号机组及徐大堡项目获得国家核准的情况，实现 1 ~2 台机组年内 FCD。其间，重要的工程节点包括：福清核电项目 1 号机组 11 月 220 kV 倒送电可用，2 号机组 4 月中旬前实现反应堆厂房穹顶吊装；方家山核电项目 1 号机组 11 月 220 kV 倒送电可用，2 号机组 7 月初实现反应堆厂房穹顶吊装；海南核电项目 1 号机组年内要完成内部结构 20. 0 m 板施工，2 号机组年内要实现汽轮机厂房浇注第一罐混凝土；做好秦山核电站二期扩建工程 BOP 工程各子项的扫尾、移交管理工作。

（3）做好核电设计、核电技术服务、核安全审评和工程监理等项工作。包括：① 秦山核电二期扩建工程施工图预算、竣工图编制和现场服务工作，开展工程设计经验总结；② 岭澳核电站二期工程现场服务工作和开展工程设计经验总结；③ 田湾核电项目 3、4 号机组提交对俄罗斯的全部设计要求文件、将项目申请报告提交审评；④ 为集团公司参加阿根廷、埃及核电项目投标提供技术支持和咨询服务工作；⑤ 继续做好核安全审评工作；⑥ 保持监理工作健康发展势头。

（4）继续加快核电前期工作，包括配合筹建单位争取早日获得龙游、南阳等核电项目的“路条”；完成吉安、三明等项目的可研报告，并配合筹建单位申请“路条”；配合项目筹建单位开展三门湾、莆田、红石顶、海丰、吉阳、荆门等厂址的审查和进一步的开发工作；按项目筹建单位要求，开展四川、湖南二核、河北抚宁等项目可研工作；完成甘肃、重庆、吉林、云南等核电项目的初可研工作；完成广西、贵州、陕西、黑龙江等省份的厂址普选工作。

（二）努力做好核化工技术研发和工程总承包工作

2011 年，公司在核化工业务板块要重点推进以下工作：

（1）开展后处理国家重大专项工作，配合国家能源局完成大型核燃料后处理厂总体实施方案的国务院审批，继续开展 2008 年 4 项课题及 2011 年即将开展的 9 个课题的研究工作，完成 2012 年重大专项申报和评审工作。

（2）继续做好核化工项目设计工作。按计划完成八二一厂高放废液玻璃固化可行性研究代初步设计编制，开展施工图设计；开展和完成八二一厂和四〇四厂退役与三废治理总体规划内项目、核燃料后处理大厂工程设计前期工作、核安全项目等工作，推动后处理大厂尽快立项。

（3）力争八二一厂核废物处理工程总承包项目堆工区低放废水处理工程新址新建、中低放废液综合治理工程完成冷调试前准备工作、低放有机废液处理工程完成国内设备冷调试。

（4）在动力堆乏燃料后处理中试厂的基础上，做好核电站乏燃料后处理厂项目前期工作，完成项目建议书的编制，为集团公司尽快形成与核电发展相匹配的乏燃料后处理能力作出更加积极的努力。

（三）确保核燃料各项科研生产任务的顺利完成

2011 年，公司在核燃料业务板块要重点推进以下工作：

（1）突破核燃料芯块高温烧结技术，完成快堆 MOX 燃料芯块、单棒和组件试验线总体方案研究并完成科研实验工程项目建议书，抓好 CFX—200 型化工转化装置的调试、实验工作，确保装置年内投料和完成主要工艺试验。

（2）完成核燃料元件工程、军用核材料的设计任务。按计划完成AP1000燃料元件生产线工程、高温气冷堆核电站示范工程燃料元件生产线工程、中核北方核燃料元件有限公司（简称二〇二厂）大型压水堆核燃料元件生产线扩建工程、八一二厂压水堆燃料元件生产线扩建工程等重点工程项目的设计工作。

（四）继续做好核设备集成、民用工程设计工作

2011年，公司在核设备集成、民用工程设计业务板块要重点推进以下工作：

（1）积极推进反应堆关键设备研制、核电站废物最小化技术、核设施和辐射监测系统研究等集团公司优先发展技术的研究工作。

（2）完成核电站非安全级DCS功能仿真中心功能测试平台的搭建，实现对现有DCS研发平台的二次开发，完成以FPGA（现场可编程门阵列）为技术基础的安全级平台的典型板卡搭建。

（3）加大核物质运输容器系列化产品自主研发力度，解决我国核电新燃料运输容器、乏燃料运输容器系列产品的国产化需求，完成EUF系统、防甩击件等自主研发和横向科研项目的研制工作，围绕工程设计和设备国产化的关键技术问题，加大力度推动一批自主研发项目的立项。

（4）做好核净化设备的研发制造工作，Ⅲ型碘吸附器通过鉴定；做好郑州升龙站前商业广场、垃圾焚烧发电厂等民用工程设计工作。

三、继续加强专业化建设，做好总包项目的“四大控制”和多项目管理工作

核电总包项目是公司经济效益的主要源头。按照集团公司的战略部署和公司年度工作计划，2011年，公司开展工程总承包将达到6个项目、12台机组。做好多项目管理，持续优化多项目管理模式，确保对各总包项目的“四大控制”仍是确保全年经济效益指标和生产经营任务完成的关键，也是提升公司核心竞争力非常重要的方面。

为此，公司需在既往工作成绩的基础上，着力从以下方面推进多项目管理模式的优化工作：

（1）着力加强与国内外同行之间的交流，主动联系和争取与国外优秀的工程公司建立合作或联盟关系，扩大合作深度和范围，抓好赴美国博克德公司实地考察调研报告的研读并落实好后续行动计划，利用好博克德公司的项目管理咨询报告，注意对标学习国内外先进企业的管理经验，通过引进来、走出去，创造合作共赢的机制，加快公司多项目管理水平的提升。

（2）按照责权利相一致的原则进一步明晰总部管理部门与项目部的工作职责与权限划分，理顺管理接口，及时改进与总承包管理模式不相适应的项目组织管理体系和管理流程，完成工程项目部的程序标准化工作，使管理接口关系更加明晰和顺畅，更加明确和落实工程项目总经理对项目进度、质量、安全和成本的控制责任。

（3）重视项目管理的基础性工作，更加积极、有效地利用各种项目管理工具，加强对 P6 软件的应用与开发，拓展软件的“权重加载法”应用范围，做好物资编码体系应用工作，着眼于精细化、导向鲜明的方向，继续落实对总包项目绩效考核管理办法的持续改进。

（4）继续做好总包项目高级管理人才的引进与培养，更加注意多项目管理经验反馈机制的建设，开展福清、方家山核电项目阶段性总结工作，完成岭澳二期、秦山二期扩建项目的经验总结，完成设计标准化工作和工程设计使用的标准文本的数据库的建设，初步建立现场施工交竣工资料表格标准化，完善总承包合同报价模式，加强报价基础分析和报价体系建设工作，按计划推进核电工程总承包合同的标准化工作，更好地实现项目管理经验的积累与传递。

（5）做好项目带动科研的设计管理体系的经验积累与总结，建立更为合理公平的产值分配机制，提高设计部门工作积极性。同时，进一步完善对分公司的管控模式。

（6）继续以“赢得值”管理为目标，加强项目进度控制与费用控制工作，基本完成二代改进型机组建造进度标准化工作，完成二代改进型机组项目成本分析与测算工作；推进以项目总经理为责任人的预算考核体系的建立，进一步规范总承包项目会计核算方式、方法，逐步推进项目核算标准化，深入开展总承包项目全成本核算，推广项目风险管理平台的应用。

（7）加强多项目设备采购体系建设。确保主设备大锻件及关键设备制造的进度与质量，设备按计划和工程实际进展需要交货率不低于 90% 。编制完成采购技术管理体系方案，理清采购部与专业所在技术责任和解决技术问题上的分工，做好相应的成本核算工作。建立总承包项目采购全过程预算及全成本控制体系，完善监造管理体系，加强设备制造过程控制，保证交货设备整体质量 100% 合格。

（8）继续做好项目调试准备工作。完成调试管理政策、调试管理程序的编制和实施，开展调试技术管理标准化建设，建立调试管理信息系统（第一阶段），完成 M310 堆型标准调试项目清单和规程的编写以及调试文件体系框架的制定、实施，建立多项目调试管理体系和技术后援体系；落实福清、方家山年度调试准备工作和 220 kV 倒送电、除盐水车间调试实施工作，发布福清、方家山调试大纲、调试程序。

（9）推进总包项目质量、安全的精细化管理。落实“安全第一、质量第一”的方针，继续严格落实责任制，推进核安全文化工作方案逐步实施到位。加大对公司管理评审/项目管理部门审查改进措施的策划和跟踪落实，加大对纠正行动要求的审查、整改力度，加大对承包商的监督管理力度，完善经验反馈制度，严防多项目下安全、质量事件/事故的重复发生，不断提升安全、质量管理水平。

（10）加快项目信息化平台建设，完成新建核电项目与现有项目现场 IT 基础设施建设与改扩建，建立面向核电项目的标准化 IT 技术方案与服务支持体系，落实信息中心对项目现场的支持机制；推进设计信息管理系统建设；完成现场施工管理系统和合同采购管理系统建设，深化系统应用及推广；完善工程文档管理系统，完成新建核电项目应用推广。

四、继续强化基础管理，全面实施精益管理，大力推进管理创新

（1）继续重视基础管理工作，持续完善和优化公司管理和项目管理方面的规章制度、业务流程，组织总部各部门编制部门工作指南，同时注意做好规章制度的宣贯工作和制度执行情况的检查。继续抓好执行力建设，促进顺畅、及时、准确、全面的内外部信息传递、利用机制。

（2）更加密切公司战略、“十二五”规划、目标管理、业绩考核的关联

关系，组织实施对公司所属单位的首次年度绩效考核，做好公司年度重点工作目标的编制、分解、执行监督与考核，更好地实现压力的层层传递、任务的逐级分解，为公司全年工作任务的圆满完成提供运行机制保障。

（3）以创新科研机制、完善科技体系、提升科技队伍、多出科技成果为着力点，围绕公司战略规划进一步完善公司中长期科技发展规划，落实科研与工程的良性互动，不断完善对科研课题的项目管理运作方式，确保公司科研经费与主营收入的同步增长，不断加大公司在科技创新方面的人力、物力投入力度；完善考核和激励机制，提高单位和科技人员的积极性。加强公司研发项目全过程的知识产权策划和创造，做好专利申请工作。启动中核北京科技产业园首期入住项目，继续做好技术标准管理工作，力争实验室生产经营再上新台阶。积极承担核电行业标准的制定，掌握技术的话语权。

（4）继续重视公司全面风险管理工作和内部审计工作的开展，继续抓好风险管理知识的宣贯工作和培训工作，增强公司干部员工的风险意识，提高辨识和处理风险的能力，完善公司的风险管理报告制度，培育公司的全面风险管理文化。逐步建立公司法律风险防范体系，制定公司法律风险防控措施，提高法律实务工作的有效性，落实公司三年法制工作目标。积极推动设备分包合同的签订工作，严格投资管理，降低经营风险。

（5）深入贯彻“人才兴企”战略，完善人力资源管理体系，健全和优化人力资源管理制度，做好科研设计、公司管理和项目管理三支队伍梯队的建设，启动核心人才识别工作，开展公司管理人员、项目管理人员的职业化建设，实施高端人才、专业紧缺人才引进计划，做好相关人才引进工作，推进干部人事制度改革，加大竞争性选拔干部力度。建立干部交流轮岗制度。做好工资总额预算管理，开展人工成本数据库的建设工作。建立公司统一的薪酬制度，提高岗位工资水平和员工福利。大力推动多元化用工。加强培训基础性工作建设，抓好公司直管干部、项目经理、新员工入职等专项培训，重视员工职业通道建设。落实绩效考核结果的应用，提升人力资源管理的信息化水平。

（6）继续深化全面预算管理，强化对预算执行的监督，稳步推进预算考核体系的建立，加强成本管理，细化成本控制办法，继续提高货币资金集成水平和内部资金使用效率，确保公司资金日均集成率不低于95%；启动财务与费用管理系统项目；继续加强对税收政策的学习、研究，控制、降低税务风险。加强资本运营研究和银企关系建设，为公司未来发展的资金需求做好准备。

（7）努力做好公司资质管理工作，完成民用核安全机械设备、民用核安全电气设备的扩证工作，力争公司设计综合甲级资质的申报取得积极成果，做好高新技术企业资质维护工作。

（8）做好公司信息化规划的宣贯与执行。完成公司广域网升级与安全改造，启动服务器虚拟化应用，完成数据中心扩容与改造，推动数字化证书应用工作，启动IT管理平台选型，强化信息系统运行维护管理。深化协同办公系统应用，启动门户系统平台选型，完成统一任务中心系统建立。做好信息安全工作，推进公司信息资产分类分级工作，定期发布信息安全研究报告。

（9）继续做好保卫保密国家安全工作，努力做好资产管理工作和后勤保障工作。落实逐级保卫保密国家安全工作责任制，确保年内顺利通过国家一级保密资格审查认证，确保全年不出现失泄密事件和重大保卫责任事故。健全和完善公司资产管理与后勤管理管理制度体系，落实总部闲置房间改为办公用房的装修和分配工作，谋划、妥善解决公司总部单位办公用房紧张问题，努力为公司员工提供高质量的后勤保障服务。

五、不断加强党的建设和反腐倡廉建设

公司党建工作要继续深入贯彻集团公司党组《加强和改进党建工作的意见》，努力提高公司党组织的创造力、凝聚力和战斗力。要深入开展创先争优活动，认真践行和兑现公司党委公开承诺；抓好建党90周年纪念活动的策划，做好基层党支部建设和党员管理工作，开展党员“筑坚强堡垒、树先锋旗帜”等主题活动；继续深入开展学习型党组织创建活动，抓好公司中心组学习；积极推进思想作风、学习作风、工作作风、领导作风、生活作风建设，促进干部员工思想观念的转变和理论、业务水平的进一步提高，努力建设综合素质好、真抓实干、作风过硬的干部队伍；落实惩防体系建设的年度工作任务，贯彻“三重一大”决策制度，抓好《廉洁从业准则》和《廉洁从业若干规定》的宣传教育和廉洁文化建设，加强对招投标制度执行情况的

检查，推动效能监察工作深入开展；公司企业文化建设“十二五”规划编制完成，推动公司企业文化建设取得积极成果；公司的宣传工作领域进一步开拓；关心职工生活，开展更加丰富多彩的群众性的职工文体活动。

同志们，回首已经一起走过的三年，我们取得了足以自豪的出色业绩；展望即将开始的“十二五”，公司的事业发展面临着难得的历史机遇，前景广阔、任务艰巨而紧迫。在这里，我们一起重温孙勤同志在集团公司年度党组扩大会上提出的“五个一定要”，即一定要进一步增强忧患意识，加快观念转变；一定要紧密围绕主题主线，理清思路，明确工作重点；一定要做好规划、制定措施、明确责任、加强考核；一定要加强作风建设，求真务实，抓实事、干成事；一定要不断加强学习，努力提高领导能力和管理水平。更加自觉地将自身的思想和行动统一到集团公司党组的要求和公司年度工作会议的部署上来，振奋精神、乘势而上，在集团公司党组的正确领导下，勇担集团公司核电工程建设的重担，努力开创公司安全高效发展新局面，为圆满完成公司全年各项工作任务、实现“十二五”良好开局而继续努力奋斗！以优异的成绩向建党 90 周年献礼！

围绕中心　凝聚智慧　创先争优
努力推动公司又好又快安全发展

——公司2010年度党委工作报告

杨朝东

2011年1月17日

2010年工作总结

2010年，在集团公司党组、直属党委的领导下，以推动公司科学发展为主题，开展创先争优活动为主线，落实党建各项制度为抓手，认真打基础，全面抓落实，公司党建工作取得较好成绩。

一、按照集团公司的统一部署，创先争优活动取得阶段性成果

5月21日和6月29日，中央企业、集团公司先后召开创先争优活动动员部署会议。公司党委及时学习、传达了会议精神，研究制定了公司党委《关于深入开展创先争优活动实施方案》，对公司的创先争优活动进行了全面安排。在活动实施过程中，重点抓了以下几项工作：

（1）加强领导，落实责任，组建有力的领导机构。7月19日，成立了以党委书记为组长和创先争优活动第一责任人，以公司党政其他领导为副组长，公司党委其他委员和重要职能部门负责人为成员的创先争优活动领导小组，把创先争优活动作为公司的一项重要任务来抓。公司创先争优活动办公室具体负责整个活动的协调联络、文稿起草、宣传动员、简报编发、活动督导等日常工作，明确了各单位党组织负责人为本单位创先争优活动的第一责任人。

（2）结合实际，反复酝酿，完善活动实施方案。《活动实施方案》是整个创先争优活动开展的“纲”。公司党委把制定“符合上级要求、切合公司实际、特色突出、操作性强”的活动方案，作为活动筹备阶段的工作重点，党委主要领导亲自抓，公司各方面共同参与。从5月21日开始酝酿，到7月21日印发正式方案，通过召开征求意见座谈会、党委会、创先争优领导小组会等多种形式，对活动方案进行了充分酝酿、反复讨论和修改，最终形成了实施方案。

（3）大力宣传，广泛动员，努力营造活动氛围。认识到位，才能保证措施到位、责任到位。一是及时传达国资委党委、集团公司党组文件，认真学习和贯彻孙勤同志、李学东同志等讲话精神，尽量采取扩大会议、视频会议等形式，扩大上级文件的学习范围，增强了学习的及时性和学习效果。二是组织召开创先争优动员大会，党委书记杨朝东做动员报告，总经理李晓明主持会议并对活动开展提出明确要求。会议精神通过公司内网宣传和各支部会议等形式，传达到公司的广大党员群众。三是利用简报、网络新闻、橱窗等多种宣传载体，以及视频会议等灵活多样的方式，进行宣传和动员，积极营造参加创先争优活动的浓厚氛围。截至2010年底，公司已编发创先争优活动简报21期、内网新闻报道70余篇、专题宣传板报2期，为推动活动的深入开展起到了积极作用，收到了较好的效果。

（4）突出重点，严密组织，确保公开承诺活动取得实效。7月26日，党委召开了公开承诺活动动员部署大会，党委书记杨朝东作了动员，明确要求要把公开承诺活动落到实处、落实责任，公开承诺的内容表述要简洁务实、可操作、可评价。党委承诺书围绕集团公司党组对公司发展的要求和公司的中心工作任务，从十个方面分52项做出了公开承诺，包括了公司经营管理、发展战略、科技创新、党建与反腐倡廉工作等方面的内容。党委把制定党委承诺书的酝酿、编制、修改、定稿的过程，变成了大家再一次解放思想，凝聚科学发展共识，提升公司凝聚力和向心力的过程，使党员干部受到了一次深刻的党性教育。

各个党总支、党支部及时明确了本单位公开承诺的工作目标和工作计划。比如，郑州分公司、河北分公司、四达贝克斯监理公司党总支，质安部、建筑所、化工所支部，秦山、桃花江等现场支部，都分别起草了党总支、党支部承诺书并广泛征求党员和职工群众的意见，广大党员结合岗位实际做出了公开承诺，确保了公开承诺活动的工作质量。

各级领导积极带头，确保承诺工作进度。公司党委领导班子成员和各党总支、党支部负责人带头撰写承诺书，带头公布承诺书，为推动活动深入进行起到了很好的示范作用。截至 8 月 22 日，公司党委及所属 3 个党总支、48 个党支部，以及所有在册的 1 545 名党员中，已有 1 544 名党员做出了公开承诺（有 1 名党员因患脑血栓病住院）。同时，通过公司内网、分公司内网或展板的形式将公开承诺书进行了公布，接受广大群众的监督。

（5）进行任务分解，抓好承诺兑现，努力促进各项工作落实。根据集团公司党组的要求，对公司党委承诺书进行了任务分解，落实了相关单位（部门）的责任，制定了整改工作措施，以确保将公开承诺事项的各项内容落到实处。根据承诺事项的重要程度、紧迫程度、难易程度和工作量大小等，提出明确的兑现时间节点。各党总支、党支部也对公开承诺书进行了任务分解，明确了责任人、完成时限、措施和要求，为兑现承诺打下了良好基础。

各党总支、党支部每个月都把兑现承诺工作与中心工作任务一同布置、一同检查、一同讲评，保证了兑现承诺的各项措施与要求按计划推进和落实。据统计，各党总支、党支部承诺的事项共 643 项，截至 12 月底已经兑现 486 项；党员承诺事项共 8 564 项，截至 12 月底已经兑现 7 935 项。

（6）典型引路，加强督导，把创先争优活动引向深入。公司党委决定，结合纪念中国共产党成立 89 周年，在公司组织开展争当“四优”党员评比表彰活动，各总支、支部根据评比通知的要求，进行了认真选拔推荐。“七一”前夕，公司党委表彰了 45 名优秀党员，动员和号召公司全体党员和广大干部职工向先进典型学习，立足本职，争创一流。

为深入开展创先争优活动，公司党委于 11 月 17 日召开了以创先争优为主题的支部工作经验交流视频大会，推广先进党支部的好经验、好做法，会上有 8 个支部进行了支部工作经验交流，起到了相互学习，开阔视野，明确思路，在党支部之间创造比学赶的良好氛围，有力地促进了创先争优活动的开展。

创先争优活动具体落实的重点在基层党支部和广大党员，因此，加强指导与督导就显得非常重要。公司领导遇有会议、调研，都会把强调、检查、指导创先争优活动作为一项重要的工作内容，提要求、查进度、促落实。李晓明、杨朝东、马宇箭等公司领导专题听取创先争优活动汇报的单位就有10多个。同时，创先争优活动领导小组办公室紧抓全面工作督导不放松，先后对一些支部开展活动的情况进行了检查，不断把创先争优活动引向深入。

二、抓好党建工作落实，党组织和党员队伍建设水平不断提高

（1）根据公司发展的新要求和公司机构不断调整，坚持建立、健全、规范、完善基层党组织设置和管理，努力创新管理机制，在公司总承包业务快速发展中，加强了对新单位组建支部工作的指导，指导有关单位按照党章的有关规定及时成立党支部，全年成立3个支部，保证科研生产经营工作开展到哪里，党组织设置就到哪里，党的工作就延伸到哪里。尤其是对新成立的八二一项目现场和深圳设计院，对支部书记人选与单位的一把手及时沟通情况，认真考核。调整健全总支、支部班子，及时办理了2个总支、8个支部成员的调整增补工作。

（2）授权3个党总支审批发展党员工作。根据《中国共产党发展党员工作细则（试行）》，结合公司重组后的实际，为做好党员发展工作，7月起草下发了《关于授权党总支审批发展党员的实施办法（试行）》（核工党发〔2010〕17号），3个党总支分别以书面形式向公司党委上报了关于授权发展党员的申请报告。根据考察，3个党总支的申请符合党委实施办法的规定要求，基本满足了以下条件：党总支领导班子健全，有专管组织工作的机构和人员，能保证发展党员质量。经过党委会审议同意，授权3个党总支审批发展党员。

（3）做好入党积极分子培训工作。根据年初各支部上报的本年度发展计划，制定2010年度党员发展计划，将列为发展对象的分期分批举办入党积极分子培训班。根据公司分支机构多、地域分散、工程现场多等实际情况，先后在北京总部、分公司、现场分3批举办了入党积极分子培训班，共有37名发展对象参加了集中培训。培训采取了集中学习、自学、看录像、讨论交流、答卷考试等多种形式，学习结束后，每人还撰写了学习总结，在交

流会上畅谈了自己的学习体会，进一步了解了党的性质、纲领、任务、宗旨，党的基本路线和中国特色社会主义理论，强化了入党意识，端正了入党动机，增强了入党信心。

（4）严格把关，注重发展新党员的质量。做到党员发展工作有领导、有计划，及时对有关支部进行指导，并严格按照发展程序进行考核，逐一找发展对象所在单位的党员、群众了解其政治思想、业务能力、工作态度、群众关系等方面的情况。全年发展新党员 50 名，共找了党员、群众谈话 200 多人次，已办理了预备党员转正 83 名。认真做好公司内外流动党员管理和信息数据库维护工作，保证了党员数字和分布情况的准确性。

（5）抓好党支部的绩效考核工作。加强和改进党的建设重心在基层，创新也在基层。基层党支部的工作是党的建设的基础，是各项工作上水平的重要环节。以绩效考核为载体，实施工作目标管理，健全党员作用发挥激励机制。结合公司实际，5 月起草了建立和完善党员履行岗位职责和发挥先锋模范作用的关键绩效指标体系，并征求了总支和部分支部意见，6 月下发各总支、支部，以党支部为单位，年底进行绩效考核。各总支、支部正按照公司党委要求，组织党支部的绩效考核工作。

（6）积极参与了河北分公司、郑州分公司主要领导干部候选人和公司监察审计部主任、副主任、党群工作部副主任竞聘人选的考察工作。

三、认真落实中心组学习制度，党委班子建设明显加强

（1）成功召开了第一次党代会。2010 年 1 月 28 日，中国核电工程有限公司第一次党代会在京召开，大会审议通过了临时党委、纪委的工作报告，报告总结了公司成立以来建设发展的主要成绩和经验，明确了今后三年公司党建工作的主要任务，选举产生了公司第一届党委、纪委领导班子。大会民主、务实、团结、奋进，是公司建设发展的重要里程碑，为加强党委班子建设打下了良好的组织基础。

（2）严格落实了党委中心组学习制度。党委中心组学习是建设学习型政党的重要方面。为进一步推进党委中心组学习制度化和规范化，根据《集团公司党组中心组学习制度》（中核政发〔2010〕6 号）要求，对公司 2008 年制定的《党委中心组学习制度》进行了完善和修订，经公司党委会议研究

通过后，已于4月13日颁布实施。

年初制定了《2010年度公司党委中心组学习计划》，除学习政治理论外，还结合公司发展实际，不断拓展学习内容，安排学习与岗位职责相关的新知识、新技术，努力掌握核电工程建设发展的主动权，不断提高公司领导推进公司改革上台阶、领导公司科学发展上水平、促进和谐发展上层次的综合素质和能力。公司党委重视理论学习，把中心组学习作为重要的平台和载体，推进学习型党组织建设，围绕企业中心工作，进行专题学习。党的十七届五中全会召开后，党委中心组成员除参加集团公司组织的传达学习外，还专门安排专家教授进行辅导，为公司制定“十二五”规划打下良好基础。中心组成员认真做学习笔记，积极参加研讨，交流心得体会，学习有记录，有考勤。全年共组织了中心组学习11次，其中，中心组（扩大）学习会议6次。

为了进一步丰富党委中心组学习方式，创新学习方法，发挥公司领导在学习中的带头作用，促进学习型党组织建设，从6月开始，陆续安排公司领导到支部参加一次学习活动，目的是掌握支部学习情况，互动交流学习体会，指导促进支部建设工作，同时也大大提高了学习的针对性和实效性，体现了学以致用，用以促学，学用相长。全年共有9名公司领导参加了有关支部的学习活动，大家反映很好。

（3）召开党政领导班子成员民主生活会。在认真学习有关文件、广泛征求群众意见和召开职工代表组长会议的基础上，于12月21日召开主题为“贯彻落实《党员领导干部廉洁从政若干准则》，切实加强领导干部作风建设”的2010年度党政领导班子成员民主生活会。会上，领导班子成员针对实际问题，积极开展批评与自我批评，接受班子其他成员的监督，探讨解决问题的途径与方法，达到了统一思想、深化认识、增进团结、明确方向的预期目的。

（4）把集团公司党建工作会议精神落到实处。贯彻落实集团公司党建工作7个文件，是加强企业党建工作的一项系统工程，公司党委书记杨朝东同志要求将7个文件的主要精神作为党委今后三年的主要工作内容写入了公司第一次党代会党委工作报告中。6月22日，邀请集团公司党群工作部主任王理珩作专题辅导，全面阐述了集团公司关于加强党建工作的7个文件的背景、重要内容，对公司党建工作起到了积极的推动作用。为健全完善党建工作管理制度，使公司的党建工作更好地围绕中心、服务大局，根据公司党委的安排，完善、修订和实施了党建工作的 9 个制度规定，进一步规范了党建各项管理工作，加强了基础管理，促进了基层党组织工作的规范化、制度化和标准化。

四、紧密围绕公司大局，组织动员全体职工积极开展工会工作

（1）认真做好民主管理的组织管理工作，依法维护职工的合法权益。年初召开了第一届第二次职工代表大会，会议根据公司的实际采取视频会议的形式与工作会议共同举行。10 名职工代表组组长及 26 名职工代表（中层干部）参加了主会场的会议，有 104 名职工代表参加了分会场的会议。会议听取了李晓明总经理作的工作报告、丁淑英副总经理作的财务工作报告，与会代表并就两个报告进行了认真的讨论。毛亚蔚同志作为代表将讨论的意见向公司领导进行了汇报。在 2010 年召开了两次职工代表组长会议，听取人力资源部汇报《中国核电工程有限公司企业年金实施细则》的主要内容，布置该细则的征求意见。各单位职工代表组长认真履行职责，依法行使民主管理权利，通过书面或电子邮件形式发送给职工代表，广泛征求本单位职工意见，保证了职工代表的知情权。共收集意见建议 124 条和职工联名签字的材料 1 份，人力资源部针对职工的意见和建议对该细则进行修订，使得《中国核电工程有限公司企业年金细则》得以顺利通过并实施。

（2）组织动员广大职工，为完成科研设计任务作贡献。2010 年是公司核电和各项设计任务十分繁忙的一年，各级工会积极发挥工会组织的凝聚作用，团结动员全体职工为全面完成科研设计任务作贡献。为了激发职工创造优秀工作业绩的积极性，在公司党委和行政领导的支持下，开展了“优秀女职工”、“优秀员工”的评优活动。经过各单位的认真组织和推荐，共评选出“优秀女职工”44 名、“优秀员工”92 名，并组织部分优秀员工进行旅游活动。此项活动的开展，在全公司形成一个比、学、赶、超，人人争当先进的积极向上的工作氛围。通过表彰和先进事迹的宣传，弘扬争优的精神，激发职工的爱岗敬业热情，为促进科研设计任务的高效完成凝

聚力量。

(3) 配合公司的中心工作和任务，努力发挥工会组织的作用。各级工会组织紧密围绕公司的中心工作，在公司党委和本单位党支部及行政部门的领导下，组织动员职工，积极开展各项工作，发挥了较好的作用。如：公司开展的党员“创先争优”和“党群共建创先争优”活动中，各单位工会干部积极参加公司组织召开的各种类型的座谈会，及时反映职工的意见及建议，做好上传下达工作。在完成公司党委和公司工会下达的各项工作任务中，各单位分工会干部不计得失、默默奉献，热心为职工群众办事，为公司的发展贡献自己的力量。组织职工积极参加公益活动，根据集团公司的倡议，积极组织开展各类募捐活动，向玉树地震灾区捐款25.45万元；向地方组织的救助贫困母亲、红十字会捐款2.79万元。

五、加强工会自身建设，努力提高工会工作整体水平

(1) 随着公司的不断发展，工会工作的重心发生了明显变化。工会是职工群众自己的组织，主要任务就是要为职工群众做好服务工作。为了使工会工作适应公司改革发展的需要，要健全完善工会各项工作制度，提高工作效率；充分发挥公司工会委员会和各分工会组织的作用，建立起与职工密切联系的畅通渠道，努力把工会组织建设成为职工群众信赖的职工之家。在创新工会工作方式方面，利用公司工会网页，将工会组织系统及各项工作制度、有关规定在网上发布，便于职工的了解和查阅。在完善工作方法方面，要牢固树立为职工群众服务的意识，对于职工群众的来访或提出的问题都给予了及时的解答或处理，并力求使职工群众满意。在规范管理方面，使工会各项工作纳入规范化程序，完善了会员管理、职代会制度化管理、会员活动费管理等项工作制度。

(2) 加强工会自身建设和完善工会组织。今年共接受新会员160名。根据工作需要，在原有的31个分工会中，今年完成了八二一项目现场分工会组建、调整了质安部分工会委员分工、增补了职工代表，使得工会工作顺利开展。

为了促进基层分工会工作的开展，公司工会每年都向分工会下发足够的工会经费，为分工会下发会员活动费119.9万元。总部分工会、现场分工会

充分利用下发的工会活动费，围绕着增强职工的凝聚力，组织开展了具有工会特色的活动。“三八”妇女节前开展了“优秀女职工”评选活动。女工委员会为纪念“三八”妇女节，开展了给女职工一份节日的祝福，在“三八”妇女节的早晨上班时，公司和工会领导在办公大厅内，为每一位工作的女职工送上了一份小礼物。这份意外的惊喜，使女职工既感受到了节日的温馨，体现了公司对女职工的关爱，又为公司这个集体营造了家的温情。同时，还向分工会下发了女职工专项活动费用，以分工会为单位，在这个特殊的日子里开展了有意义的活动。膳食委员会在年初引进新的职工餐厅承包商工作中，外出调研和考察，最终顺利地引进新的承包商，确保了职工餐厅的正常营业和保证了职工早中晚餐的供应。为了保证职工工作餐的卫生和质量，以监督为前提，采取了发放职工调查问卷和膳食委员按照划分单位分别收集意见的形式，发现问题及时与餐厅沟通和协商，达到了解决问题的目的。

六、关心职工生活，竭诚为职工排忧解难，抓好帮扶送温暖工作

工会领导深入到现场了解工会工作开展情况和职工生活存在的困难。利用工会经费向职工发放了电影卡、洗衣票、生日卡，全年共投入资金 160 万元，使职工的业余生活过得丰富多彩。做好了春节、中秋节、国庆节职工福利（过节费）的发放。工会关心职工切身利益的问题解决，重视关心有特殊困难职工的实际问题，每年春节前认真做好“送温暖”工作。各分工会关心每一位生活发生困难的职工，及时上报困难职工情况，把组织的关怀传递给困难职工。在春节前向 8 名职工发放了困难补助费 2 万元，国庆节向 8 名职工发放了困难补助费 1.75 万元。并且启动帮扶基金，加大帮扶的力度，帮助因突发事件和重大疾病造成伤害及较重病情的员工（对病情较重的 3 名员工的补助增至 1 万元）。工会领导也多次带队将慰问金送到了职工的手中，让职工和家属感受到公司的关怀。

七、大力开展有利于职工身心健康的文体活动，推动企业文化的健康发展

搞好职工文体文化生活、增强凝聚力是工会工作的主要内容之一。公司

现有9个文体协会，在日常工作中，充分发挥了9个文体协会的作用，指导和帮助他们正常有序地按照年初的活动计划开展职工文体活动，给有体育爱好和特长的职工，提供了一个展示自我和强身健体的平台，同时丰富了职工业余文体生活，推动了企业文化的健康发展。

积极组织参加集团公司直属工会组织的活动，如：组织公司76名单身职工，参加集团公司组织的单身职工联谊活动；组织舞蹈队参加上报集团公司文艺汇演录像和参加辽核慰问职工演出；组织舞蹈队参加集团公司庆祝成立55周年职工文艺汇演活动，并荣获最佳组织奖。

组织举办了公司第二届职工运动会，共有1 446名职工参加，通过参加集体活动，使公司职工在提高强身健体意识的同时增强了集体凝聚力。组织举办庆祝公司成立三周年摄影展。各现场项目部利用双休日的时间，积极组织职工到户外进行拔河活动、摄影、健康大步走、节日联欢等丰富多彩的活动，既活跃了职工业余生活，又增进了职工之间的友谊和起到了凝聚作用，得到了职工群众的好评。在每次活动中，职工的优秀表现，充分展现出了公司职工的精神面貌。

八、不断创新共青团工作，发挥青年职工积极性、创造性和主动性

创新共青团工作机制，完善制度与体系建设，不断加强团组织战斗能力。立足实际建立并实行团委内部分工合作、协同进步的工作机制，明确团委委员分工与联系支部，调动基层团支部的力量，组建相应的工作组，如宣传组、体育组、文艺组、技术与进步组等；加强对各团总支、团支部的管理和引导，完善团组织的奖励和考评机制，坚持委员例会制度，加强团支部管理和考核、团干部选举选拔、团员团干部培训、团日活动等各项规章制度以及青年论文评选管理办法的起草和建设；服务体系建设全面发展，信息网络平台已经成为及时了解青年心声的重要渠道，公司团委网络共享文件夹、团委委员创办的蔚蓝天空论坛更是成为青年们最受欢迎的文化交流阵地。

加强团干部的培训工作，提升团组织的凝聚力和号召力，加快青年骨干的茁壮成长。注重和增强团干部队伍的能力建设，注重对团干部的选拔和公司团员青年人数比例的逐步提高；开展了首届“五四”评优工作表彰活动，

共表彰优秀团员32名、优秀团干部28名、先进团支部6个，调动起广大团干部和青年团员的积极性，增强了团组织的凝聚力和号召力；开展“首届青年优秀科技论文评选活动”，出版《公司首届青年优秀科技论文集》，激励更多的青年人员投身公司的科技创新实践；开展欢迎新职工入职系列活动，编制《2010年新员工入职温馨提示》，组织了新老员工交流会，帮助新员工更快更好地融入工作环境，使公司文化与公司精神得到更有效的传承。

以主题活动、团日活动为抓手，不断丰富青年业余生活，进一步增强青年的团队协作与沟通能力。坚持把“五四”打造成青年的团日活动，团委以“传承‘五四’精神，展现青春风采”为主题，举办了“炫动青春·激情飞扬”的“五四”青年节主题拓展活动；组织参与了与首都师范大学、集团公司成员单位的青年联谊活动，为青年成长营造更广阔的空间；积极在全公司范围内组织开展青年思想问卷调查活动，了解青年在工作、学习、生活方面的情况；精心策划组织了公司第三届足球联赛、第二届篮球比赛、“你的起点，我们的未来”公司2010年迎新晚会等一系列文体活动，为青年提供展示才华和风貌的舞台。

九、坚持搞好廉洁从业宣传教育，提升员工素质能力

坚持从教育入手，做到教育在前、预防在前。抓好廉洁从业教育，着力提高广大党员和全体员工的廉洁从业意识，努力营造廉洁从业的工作氛围。组织开展了《中国共产党党员领导干部廉洁从政若干准则》、《国有企业领导人员廉洁从业若干规定》学习，开展了“廉洁从业”知识宣讲和反腐倡廉案例教育活动；开展了反腐倡廉宣传教育月。结合创先争优活动、工程建设领域突出问题专项治理工作和各单位的实际情况，对商务部、采购部以及方家山、福清、八二一项目等重点单位和工程现场进行反腐倡廉宣传教育。把开展“廉洁从业教育”作为一项经常性的教育活动的做法得到了集团公司纪检组监察部的充分肯定，各单位在开展廉洁从业教育方面也做了大量积极有效的工作。通过各种形式的学习，促使广大干部、职工提高了反腐倡廉、廉洁从业的意识，也增强了接受监督的自觉性。积极参加国家有关部门和集团公司组织的“招标投标监督管理”等学习培训。全年进行了8场廉洁从业知识宣讲和案例教育活动。召开了公司2010年度效能监察知识宣贯

会议，特别邀请了集团公司监察部对公司从事纪检监察的工作人员进行效能监察知识培训。

十、抓好规范管理，加强制度建设

制度建设得到加强。制定了《中国核电工程有限公司贯彻落实〈建立健全惩治和预防腐败体系2008—2012年工作规划〉实施办法》、《中国核电工程有限公司工作人员廉洁从业规定》，制定了《工程建设领域突出问题专项治理工作实施方案》。同时，各单位（部门）也结合工作职责和业务工作特点，制定了一些相应的制度和管理办法。

效能监察工作取得新进展。2010 年共立项并完成效能监察项目 28 项。在选题立项方面，评标专家库的建立和使用管理、核电工程设计优化、核电项目合同管理、国拨资金执行率、项目现场财务规范管理、风险管理、干部选拔任用、内部挖潜合理降低管理费用等项目的效能监察工作，成为 2010 年效能监察工作的重点。通过开展效能监察，节约资金 2 006 万元，收到了一定的经济效益和管理效益。继续关注对工程和物资设备采购招标投标活动进行监督。对 2009 年度的效能监察工作进行了总结，对优秀项目进行了表彰。

十一、完成重点工作，落实专项任务

一是积极完成好集团公司巡视工作的配合、组织协调；认真落实对巡视组反馈意见的整改工作。二是作为集团公司惩治和预防腐败体系建设工作第一组组长单位，筹备和组织召开了集团公司惩治和预防腐败体系建设工作第一组交流促进会。集团公司党组成员、纪检组组长李学东等领导同志参加了会议。三是作为集团公司工程建设领域突出问题专项治理第五检查组组长单位，负责组织并完成了对二〇二厂、二〇八大队、航测遥感中心三个单位的工程建设领域突出问题专项治理检查。四是积极参与和做好公司第一次党代会的筹备工作，向公司第一次党代会报告了公司临时纪委的工作，选举产生了公司第一届纪律检查委员会。五是在公司党委统一领导下，结合工作实际，在创先争优活动中积极开展反腐倡廉教育，充分发挥纪检监察的作用，提高广大干部员工的反腐倡廉意识，努力营造廉洁从业的工作氛围。六是抓好计划中的重点工作。签订党风廉政责任书 35 份；对新提任（聘任）的干部集体进行廉洁从业谈话 21 人；建立了纪检监察工作网络，聘用效能监察员 31 名，设立纪检委员 47 名；参与了对“小金库”的治理检查工作；对公司管理的干部进行任前审查约 50 人。坚持信件查处，保证工作质量。2010 年共接到信访件 7 件，处理信件 9 件（含对上一年的信件处理）。对反映招标工作中存在违规的事项和有关人员进行了调查处理，处理人员 1 人。

十二、存在的主要问题

（1）以创先争优活动为主线的公司党建工作虽然取得了一定的成绩，也受到了上级有关部门的肯定，但是我们也要看到工作中还存在一些问题，有的单位领导思想上对创先争优活动还不够重视，强调当前业务工作重。

（2）由于核电工程发展迅速，地域分布广，分支机构多，人员增加较快，员工构成呈多元化，劳动用工的合同管理模式也存在多种类型，党员组织关系的隶属及动态管理以及要求入党积极分子培养发展工作，已成为党群工作中一个不可回避的课题。

2011 年主要工作

一、持续深化推进创先争优活动

做好创先争优活动有关工作，重点抓好创先争优活动实施方案第三阶段的各项工作。

（1）认真抓好承诺的修订与兑现工作。认真检查各级党组织、每个党员承诺和兑现情况，通过检查认真总结兑现承诺的好经验、好做法，认真分析未按时兑现的原因，有针对性地采取措施，着力提高公开承诺的兑现率，提高党组织和党员的先进率。

（2）认真抓好领导点评工作。围绕公司的中心任务、党员的岗位职责和职工群众关注的热点难点进行点评。通过实地调研、召开会议或检查工作等机会，切实做到每个领导都参加点评，每个党员都被点评。通过领导点评，不断增强党员创先争优的内在动力。

（3）努力为群众办好事、办实事。通过开展创先争优活动，采取监理党员联系点、结对帮扶、走访慰问等多种形式，帮助职工群众解决工作生活中的实际困难，让职工群众得到更多的实惠。

二、进一步加强和改进党建工作

（1）进一步加强和改进党建工作，加强党支部建设工作，加强支部绩效考核。组织开好第二次党支部工作经验交流会。

（2）积极推进公司学习型党组织创建工作，以十七届五中全会精神为指导，制订党委中心组 2011 年度学习计划，开展多种形式的学习活动。

（3）认真落实民主生活会制度，开好公司党政领导干部民主生活会。按照集团公司党组要求，增开一次组织生活会，围绕“三查三比”召开组织生活会。

（4）完善党建制度体系，进一步加强党员教育管理工作，推进党务公开工作。

（5）做好到届党总支、党支部的换届选举指导工作，及时指导新成立的公司所属单位建立党群组织。做好党员发展工作，编制了公司 2011 年度党员发展计划，举办了两期入党积极分子培训班。

（6）开展庆祝建党 90 周年系列活动

1）评选、表彰公司先进党支部和优秀党员，积极组织党支部和党员参评集团公司先进党支部和优秀共产党员。

2）在公司内网开展以“党史百事”、“党史百人”为主题的党史双百宣传教育活动，组织公司员工参加集团公司组织的“学党史、知党情、跟党走”党史知识答题活动。

3）组织开展学习胡锦涛总书记在建党 90 周年纪念大会上的讲话活动。

三、加强思想政治工作、宣传工作，推进企业文化建设

（1）按照集团公司《关于加强和改进新形势下思想政治工作的实施意见》的要求，充分认识新形势下加强和改进思想政治工作的重要性和紧迫性。抓好社会主义核心价值体系的学习教育，坚定干部职工对中国特色社会主义的信念；抓好核工业奋斗历程核心是发展信念、方针教育，增强干部职

工改革发展的信心，抓好形势任务教育，增强干部职工改革进取意识；抓好职工人文关怀，增强干部职工的心理承受能力；抓好职工权益保障，增强干部职工的主人翁意识；抓好企业文化建设，增强干部职工的凝聚力；抓好先进典型的选树和宣传，增强干部职工崇尚先进、学习先进、赶超先进的自觉性。为实现集团公司“五个一”工程目标、公司的“十二五”规划和 2011 年工作目标提供强大动力。

（2）配合公司重点工作、重大工程节点，加强公司的宣传工作。努力办好《中核工程》报、丰富公司内网新闻内容，增设公司外部新闻栏目，努力提高内网新闻编辑审核效率，确保公司外网新闻的及时更新。加强公司通讯员队伍建设，举办通讯员培训班，组织召开公司宣传工作经验交流会。加强视频新闻板块建设。加强公司在《中国核工业报》、《中国核工业》杂志、“中核网”宣传的力度。

（3）积极推进企业文化建设，完成《公司企业文化建设“十二五”规划》编制工作。提炼、建立公司发展战略相适应的具有核工业特色的企业精神等企业文化理念体系。完成新版 VI 手册（视觉识别系统手册）的发布、宣贯，做好执行情况检查。

四、加强和改进工会、共青团工作

（1）结合党群共建创先争优活动，在全公司开展“争做学习型职工”活动。

（2）积极参与公司的发展，做好涉及员工切身利益事项的相关工作，做好职代会的相关工作。

（3）加大工会组织对职工的关心力度，深入基层了解职工的诉求，积极解决员工工作和生活中的困难。加大对特困职工的帮扶力度。

（4）加大对基层工会尤其是各现场工会组织的支持力度，建立现场项目部活动器材统一配备标准，拨付相关活动费用支持现场项目部工会开展活动。

（5）因地制宜、利用多种形式开展丰富多彩的职工业余文体活动。发挥工会各文体协会的积极性，全年组织开展 4 项大型文体娱乐活动。

（6）积极发挥共青团组织的作用，召开公司青年员工座谈会；组织青年员工专题演讲比赛、承办集团公司交办的系统内青年员工演讲选拔赛活动，组建公司青年记者团、计算机保密检查志愿者队伍，开展优秀青年科技论文、先进团组织、优秀团干部、优秀团员的评选活动。

五、扎实推进纪检监察工作

（1）加强制度建设，修订《党风廉政建设责任制实施办法》，做好三重一大执行情况的监督。

（2）对《构建惩防体系2008—2012年工作规划》中2011年度的任务进行分解，明确责任部门和完成时限，督促落实。

（3）组织完成巡视整改方案的落实工作，按时上报整改情况报告，协调有关部门迎接集团公司工程建设专项巡视组对公司开展的专项巡视。

（4）开展“抓源头、促清廉”主题实践活动和反腐倡廉宣传教育月活动，对2011年新提任的公司管理干部100%开展廉洁谈话，“廉洁从业”有关知识教育培训全年不少于2次，组织公司中层干部和部分关键岗位人员参观1次北京市反腐倡廉教育基地。

（5）组织开展1次效能监察培训，效能监察立项数不少于10项，结项率90%以上。推荐1项效能监察项目参加集团公司的优秀项目评选活动。

（6）继续参与核电工程总承包项目招标评标监督工作，监督记录完整、可追溯，发现问题及时提出监察建议（口头或书面）。

（7）认真核实群众信访举报。

（8）加强纪检监察队伍建设，专职纪检监察干部全年参加业务学习培训不少于4人次，兼职纪检监察人员工作交流不少于1次，纪检监察工作调研活动不少于1次，结合相关工作对各单位（部门）进行检查和抽查不少于3次。

2011年，是“十二五”规划的开局之年，公司的发展建设任务十分繁重，我们一定要认真贯彻落实科学发展观，深入开展创先争优活动，全面落实公司党建工作的各项制度规定，开拓创新，扎实工作，以优异成绩迎接中国共产党成立90周年。

第二部分　股东会、董事会、监事会

一、公司股东、董事会、监事会成员

（一）股东方

中国核工业集团公司、核工业第二研究设计院、中核第四研究设计工程有限公司、核工业第五研究设计院。

（二）第一届董事会（10人）

余剑锋（董事长，自2010年12月30日更换为吕华祥）、李晓明、刘敬、陈华、陈惠英、郭喜军、车大水、李自新、杨朝东、徐力。

（三）第一届监事会（6人）

王世鑫（监事会主席）、吴庆华、李云章、卢洪龙、王锦华、陈首雷。

二、中国核电工程有限公司股东会

（一）股东会第四次会议

2010年4月30日，召开股东会第四次会议，议题如下：

（1）审议并通过《中国核电工程有限公司2010年度财务预算方案》；

（2）审议并通过《中国核电工程有限公司2009年度财务决算和2009年度利润分配方案》；

（3）审议并通过《中国核电工程有限公司2009年度董事会工作报告》；

（4）审议并通过《中国核电工程有限公司2009年度监事会工作报告》；

（5）审议并通过《中国核电工程有限公司〈公司章程〉修改议案》。

（二）股东会第三次临时会议

2010 年 9 月 26 日，召开股东会第三次临时会议，议题如下：

审议并通过《中国核电工程有限公司 2009 年度第二次利润分配方案》。

（三）股东会第五次会议

2010 年 12 月 30 日，召开股东会第五次会议，议题如下：

（1）审议并表决《中国核电工程有限公司第一届董事会任期工作报告》；

（2）审议并表决《中国核电工程有限公司第一届监事会任期工作报告》；

（3）审议并表决关于更换公司董事的议案。

三、中国核电工程有限公司第一届董事会

（一）第一届董事会第五次会议

2010 年 4 月 30 日，召开第一届董事会第五次会议，议题如下：

（1）审议并通过《中国核电工程有限公司 2009 年度工作总结及 2010 年度工作计划》；

（2）审议通过并提请股东会表决《中国核电工程有限公司 2010 年度财务预算方案》；

（3）审议通过并提请股东会表决《中国核电工程有限公司 2009 年度财务决算和 2009 年度利润分配方案》；

（4）审议并通过《中国核电工程有限公司关于办理银行综合授信业务的议案》；

（5）审议通过并提请股东会表决《中国核电工程有限公司〈公司章程〉修改议案》；

（6）审议通过并提请股东会表决《中国核电工程有限公司 2009 年度董事会工作报告》。

（二）第一届董事会第五次临时会议

2010 年 7 月 6 日，召开第一届董事会第五次临时会议，议题如下：

审议并通过《关于注销中核工设备（北京）有限公司的议案》。

（三）第一届董事会第六次临时会议

2010 年 9 月 26 日，召开第一届董事会第六次临时会议，议题如下：

审议通过并提请股东会表决《中国核电工程有限公司 2009 年度第二次利润分配方案》。

（四）第一届董事会第六次会议

2010 年 12 月 30 日，召开第一届董事会第六次会议，议题如下：

（1）听取总经理《关于中国核电工程有限公司 2010 年度工作总结及 2011 年度工作计划的简要汇报》；

（2）审议通过并提请股东会表决《中国核电工程有限公司第一届董事会任期工作报告》。

（五）第一届董事会第七次会议

2010 年 12 月 30 日，召开第一届董事会第七次会议，议题如下：

审议并通过更换公司董事长的议案，选举产生新一任董事长。

四、中国核电工程有限公司第一届监事会

（一）第一届监事会第五次会议

2010 年 4 月 30 日，召开第一届监事会第五次会议，议题如下：

审议通过并提请股东会表决《中国核电工程有限公司 2009 年度监事会工作报告》。

（二）第一届监事会第六次会议

2010 年 12 月 30 日，召开第一届监事会第六次会议，议题如下：

审议通过并提请股东会表决《中国核电工程有限公司第一届监事会任期工作报告》。

第三部分　组织机构及负责人名录

一、组织机构概述

2010 年公司总部的机构有：总工程师办公室（简称总工办）、总经理办公室（简称总经办）、安全保密部、党群工作部、人力资源部、财会部、科技与国际合作部（简称科技部）、商务部、采购部、施工与调试部、质量安全部（简称质安部）、项目管理部、信息中心、反应堆工艺研究所（简称堆工所）、总体所、核设备所（简称设备所）、电气仪控所（简称电仪所）、总图地质所（简称总图所）、化工所、系统与布置设计所（简称系布所）、建筑所、建筑工作室、工程经济所。

2010 年 11 月 25 日，根据工作需要，经公司研究决定：成立施工管理部、调试中心，撤销施工与调试部；成立施工管理部郑州分部、调试中心郑州分部，撤销施工与调试部郑州分部（核工人发〔2010〕121 号）。

分支机构有：河北分公司、郑州分公司、上海设计院、深圳设计院、北京四达贝克斯工程监理有限公司（简称四达贝克斯监理公司）、河南核净洁净技术有限公司（简称核净公司）、北京中核东方控制系统工程有限公司（简称中核东方）。

项目部有：秦山核电二期扩建工程 BOP（辅助系统）项目部（甲级）、岭澳二期核电项目部（特级）、福清核电项目部（特级）、方家山核电项目部（特级）、海南核电项目部（特级）、田湾核电扩建项目部（特级）、桃花江核电项目部（特级）、核电前期项目部（甲级）、八二一核废物处理总承包项目部（甲级）。

2010 年 10 月 20 日，根据工作需要，经公司研究决定：成立徐大堡核电项目部（特级）（核工人发〔2010〕98 号）。

二、组织机构

2010 年公司总部组织机构如图 3 - 1 所示。

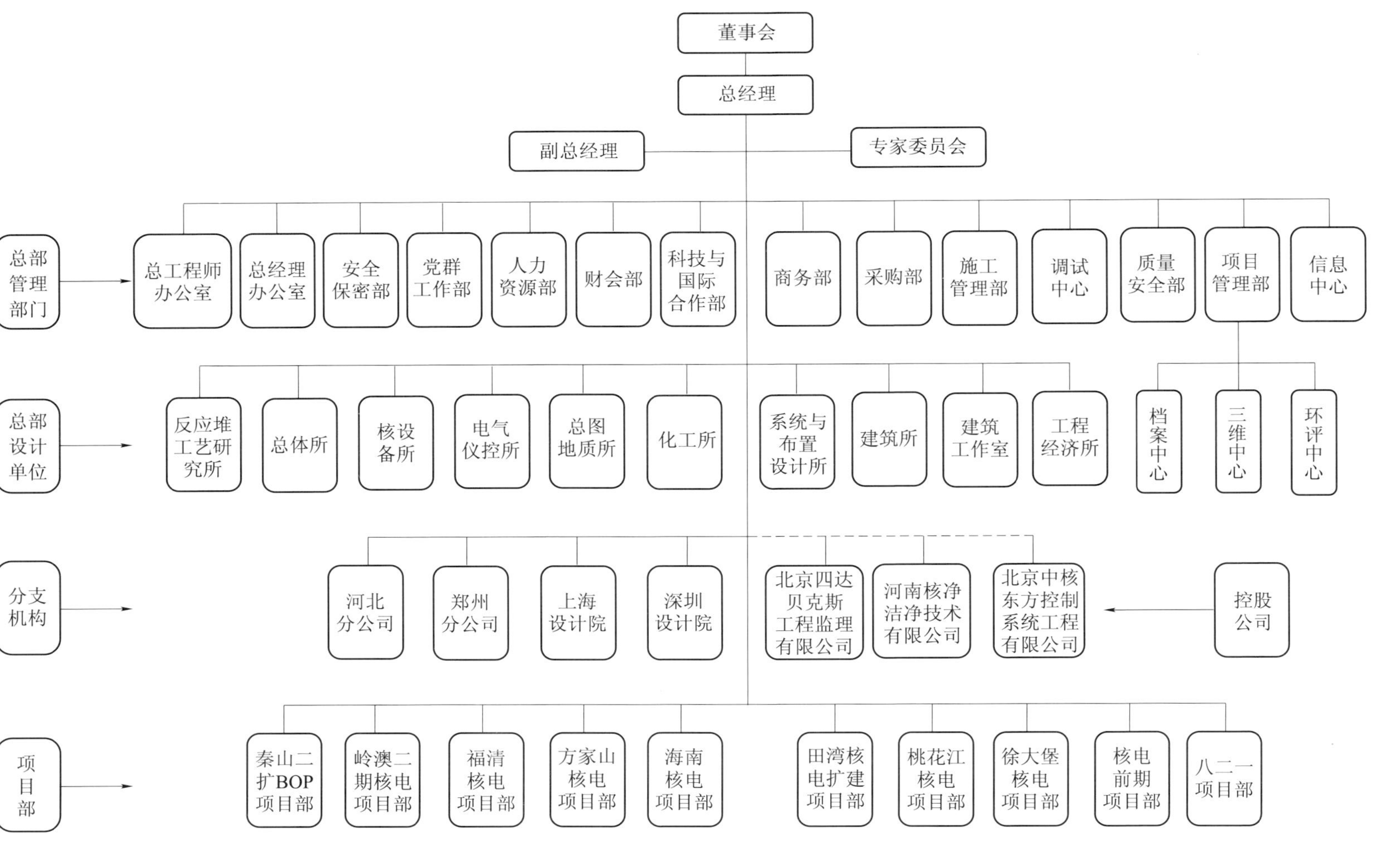

图3－1　2010年中国核电工程有限公司总部组织机构

三、公司领导班子及各部门负责人名录

（一）公司领导班子名录（见表 3－1）

表 3－1　公司领导班子名录

序　号	职　务	姓　名	备　注
1	总经理	李晓明	
2	党委书记	杨朝东	
	纪委书记（兼）		2010－04－23 止
	副总经理		
3	副总经理	范　仲	
4	副总经理	刘　巍	
5	党委副书记兼纪委书记（正局级）	马宇箭	2010－04－23 起
6	副总经理兼总会计师	丁淑英	
7	副总经理	吴忠俭	
8	副总经理	唐景宇	
9	副总经理	邢　继	
10	副总经理、常务副总工程师	张宝钢	
11	副总经理	姜　宏	

（二）公司职能部门及设计所负责人名录（见表 3－2）

表 3－2　公司职能部门及设计所负责人名录

序　号	单　位	职　务	姓　名	备　注
1	总工办	公司常务副总工程师（兼）	张宝钢	
2		公司副总工程师	朱大忠	
3		公司副总工程师	吕冬宝	
4		公司副总工程师	武红兵	
5		公司副总工程师	欧阳立华	
		总工程师办公室主任（兼）		
6		公司副总工程师	王长东	
7		公司副总工程师	赵　侠	
8		公司副总工程师	张超琦	
9		公司副总工程师	李思凡	

续表

序　号	单　位	职　务	姓　名	备　注
10	总经办	主任	王秋林	
11		副主任（兼）、安全保密部主任	张兆盛	
12	党群工作部	主任	吴建云	
13		副主任（兼）、监察部主任	王兴明	
14		副主任	刘桂敏	
15		副主任（兼）、审计部副主任	胡成侠	
16	项目管理部	主任	丁　健	
17		副主任	徐义兴	
18		副主任	杨子春	
19		副主任	霍建明	
20		档案中心主任	杨　利	
21	科技部	主任	陈学营	
22		副主任	袁　坤	
23	人力资源部	主任	李春京	
24		副主任	郭会东	
25	财会部	主任	王锦华	
26		副主任	陈首雷	
27		副主任	胡　敏	
28	质安部	主任	李正华	
29		副主任	万露霞	
30	施工与调试部	主任	黄思伟	2010－11－25止（部门撤销）
31		副主任	王　蔚	2010－11－25止（部门撤销）
32		总工程师（主管施工）	张璟春	2010－09－29起 2010－11－25止（部门撤销）
33	施工管理部	主任	黄思伟	2010－11－25起（新设部门）
34		总工程师	张璟春	2010－11－25起（新设部门）

续表

序　号	单　位	职　务	姓　名	备　注
35	调试中心	主任	袁　旭	2010 - 11 - 25 起（新设部门）
36		副主任	王　蔚	2010 - 11 - 25 起（新设部门）
37	商务部	主任	杨　宇	
38		副主任	于新华	
39		副主任	李　芳	
40	采购部	主任	才宝利	
41		副主任	李　明	
42		副主任	董宏亮	
43	信息中心	主任（兼）	姜　宏	2010 - 03 - 03 止
44		主任	高福春	2010 - 03 - 03 起
45	堆工所	所长	程和平	
46		副所长	王世民	
47		副所长	毛亚蔚	2010 - 01 - 21 起
48		所总工程师	韩晓峰	
49	总体所	所长	信天民	
50		副所长	赵　博	
51		所总工程师（兼）	赵　侠	
52		所副总工程师	唐　涛	
53		所副总工程师	付霄华	
54	设备所	所长	吴　明	
55		副所长	张耀春	
56		副所长	金　青	
57		所总工程师	高明清	
58		所副总工程师	谢　亮	
59	电仪所	所长（兼）	吕冬宝	
60		副所长	窦慧元	
61		副所长	肖代云	
62		所总工程师（兼）	吕冬宝	
63		所副总工程师	周晓斌	
64		所副总工程师	王彦君	

续表

序　号	单　位	职　务	姓　名	备　注
65	总图所	所长	杜建军	
66		副所长	王旭宏	
67		所总工程师	郑权利	
68	化工所	所长	田宝柱	
69		副所长	王国权	
70		副所长	邓国清	
71		副所长	孙智华	
72		所总工程师（兼）	李思凡	
73		所副总工程师	李忠镝	
74		所副总工程师	赵华松	
75		所副总工程师	李晓薇	
76		所副总工程师	曾敬梅	
77	系布所	所长	于　勇	
78		副所长	王晓江	
79		副所长	王宏杰	
80		所总工程师	于凤云	
81		所副总工程师	戴一辉	
82	建筑所	所长（兼）	张超琦	
83		副所长	范君龙	
84		副所长	邵　瑛	
85		副所长	施　红	
86		副所长	李玉民	2010－01－21 起
87		所总工程师（兼）	张超琦	
88		所副总工程师	王洪斗	
89		所副总工程师	王东海	
90	建筑工作室	主任（兼）	朱大忠	
91		副主任	刘永鹏	
92		总建筑师（兼）	朱大忠	
93		总工程师	刘　晨	
94	工程经济所	所长	张胜利	
95		副所长	杨利荣	
96		所总工程师	张　弘	

（三）分支机构负责人名录（见表 3－3）

表 3－3　分支机构负责人名录

1. 河北分公司

序　号	单　位	职　务	姓　名	备　注
1	分公司	总经理（兼）	唐景宇	2010－09－09 止
2		总经理	王勇跃	2010－09－09 起
3		副总经理	牟　疆	
4		副总经理	于利祥	2010－09－09 止
5	综合办公室	主任	陈士良	
6	人力资源部	副主任	余自力	
7	设计管理部	主任	王献庭	
8		副主任	方　琳	
9	财务部	副主任（主持工作）	杨　屹	
10	技术质量部	主任	任建平	
11	核电工艺所	所长	赵　荣	
12		副所长	李舒平	
13		所总工程师	程　中	
14	电气自动化所	所长	康　乐	
15		副所长、所总工程师（兼）	解险峰	
16		副所长	吕晓婷	
17	建筑结构所	副所长（主持工作）	陈庆国	
18		副所长	王书峰	
19		副所长、所总工程师（兼）	刘建辉	
20	工程经济中心（副所级）	主任	兰彦超	
21	采购部河北分部	主任（兼）	董宏亮	
22		副主任兼总工程师	李永禄	2010－04－30 止

续表

2. 郑州分公司

序号	单位	职务	姓名	备注
1	分公司	总经理（兼）	吴忠俭	2010－09－09 止
2		总经理	于利祥	2010－09－09 起
3		副总经理	陈力得	
4		副总经理	王勇跃	2010－09－09 止
5	总工办	副总工程师	汪建峰	
		总工办主任（兼）		
6		副总工程师	邓景珊	2010－04－30 止
7		副总工程师	李　缨	
8	综合办公室	主任	黄渝飞	
9		副主任	杜长荣	
10		副主任	秦　峰	
11	人力资源部	主任	王雪芹	
12		副主任	武文斌	
13	财会部	主任	陈　赞	
14	技术质量部	主任	李　磊	
15		副主任	周燕林	
16	项目管理部	主任	王　刚	
17		副主任	应继萍	
18	档案信息中心（副所级）	主任	田　沁	
19	核工程研究设计所	所长	薛海宁	
20		副所长	孙瑞平	
21		所总工程师	尚改彬	

续表

序　号	单　位	职　务	姓　名	备　注
22	民用建筑设计研究所	所长	李志刚	
23		副所长	王向东	
24		总工程师	杨红基	2010－04－30 止
25	土建设计所	所长	张宝生	
26		副所长	李　昊	
27		副所长、所总工程师（兼）	刘　彤	
28	核电工艺设计所	所长	李芳林	
29		副所长	杨德刚	
30		所总工程师	王奕玖	
31	电气仪控设计所	所长	刘卫东	
32		副所长、所总工程师（兼）	王德军	
33		副所长	云效国	
34		副所长	伍四清	
35	实物保护技术研究所	所长（兼）	伍四清	
36	技术经济所	所长	王洪普	
37		所总工程师	巫利兵	
38	岩土工程所（副所级）	所长	陈恺昱	
39		所总工程师	顾　斌	
40	核技术应用研究所	所长（兼）	邓景珊	2010－04－30 止
41		副所长（主持工作）	刘　明	2010－11－05 起
42	工程部	主任	王新顺	
43		副主任	齐国春	
44	调试部	主任	王　蔚	2010－11－25 止
45		副主任	徐大镭	2010－11－25 止
46	施工管理部郑州分部	主任（兼）	黄思伟	2010－11－25 起（新设部门）
47	调试中心郑州分部	主任（兼）	王　蔚	2010－11－25 起（新设部门）
48		副主任	徐大镭	2010－11－25 起（新设部门）

续表

3. 核电特级总承包项目部

序 号	项目部名称	职 务	姓 名	备 注
1	福清核电项目部	总经理（兼）	刘 巍	2010－09－27 止
2		总经理（兼）	武红兵	2010－09－27 起
3		副总经理（兼）	丁 健	2010－06－01 止
4		副总经理（兼）	杨 宇	2010－06－01 止
5		副总经理（兼）	才宝利	2010－06－01 止
6		副总经理、现场总经理（兼）	王小明	2010－10－20 起
7		副总经理	贺旭霞	2010－11－15 起
8		副总经理	郃 江	2010－11－15 起
9		总设计师（兼）	王长东	
10		副总设计师（兼）	堵树宏	
11		现场部副总经理	齐安生	
12	方家山核电项目部	总经理（兼）	刘 巍	2010－09－27 止
13		总经理	陈建民	2010－09－27 起
14		副总经理（兼）	郃 江	2010－11－15 起
15		副总经理（兼）	贺旭霞	2010－11－15 起
16		副总经理、现场总经理（兼）	才 峙	2010－12－06 起
17		总设计师（兼）	王长东	
18		副总设计师（兼）	堵树宏	
19	桃花江核电项目部	总经理（兼）	张宝钢	2010－05－12 止
20		总经理	沈振田	2010－09－27 起
21		副总经理（兼）	杜建军	
22		副总经理	王保卫	
23		总设计师（兼）	王长东	
24	海南核电项目部	总经理（兼）	吴忠俭	2010－09－27 止
25		总经理	金明军	2010－09－27 起
26		副总经理（兼）	梁岗岩	
27		副总经理、现场总经理（兼）	李现军	2010－12－06 起
28		副总经理、现场部副总经理(兼)	周建新	
29		总设计师（兼）	赵 侠	
30		现场副总经理	葛育勤	2010－06－09 起

续表

序　号	项目部名称	职　务	姓　名	备　注
31	田湾核电扩建项目部	总经理（兼）	张宝钢	
32		常务副总经理	王宝树	
33		副总经理	宋建军	
34		副总经理	荆春宁	
35		总设计师（兼）	王长东	
36		现场副总经理	高建占	2010-05-06起
37	徐大堡核电项目部	总经理（兼）	赵加雪	2010-10-20起
38		副总经理	田利民	2010-12-15起

4. 甲级项目部

序　号	项目部名称	职　务	姓　名	备　注
1	八二一核废物处理总承包项目部	总经理（兼）	范　仲	2010-04-06止
2			田宝柱	2010-04-06起
3		常务副总、现场部总经理（兼）	郝文江	
4		副总经理	王　巍	
5		总设计师（兼）	李忠镝	
6		现场部副总经理	王卫斌	
7	核电前期项目部	总经理（兼）	张宝钢	
8		副总经理	王国栋	
9		副总经理、总设计师（兼）	胡双跃	
10		前期项目经理	乔　文	
11		前期项目经理（兼）	李雪明	
12	秦山核电二期扩建工程BOP项目部	总经理	田利民	2010-12-29止

5. 分院

序　号	部　别	职　务	姓　名	备　注
1	上海设计院	院长	李泽斌	
2		副院长	李传河	
3		副院长	张　进	
4	深圳设计院	院长	魏　崃	
5		副院长、总工程师（兼）	方成贤	
6		副院长	钟拥政	

续表

6. 子公司				
序　号	部　别	职　务	姓　名	备　注
1	四达贝克斯监理公司	总经理	赵加雪	
2		副总经理	郭润芳	
3		副总经理	王苏伟	
4		副总经理	高　新	2010－05－20起
5		副总经理	李文伟	2010－05－20起
6	中核东方	总经理	唐　意	
7	核净公司	总经理	邹　涤	

四、公司党委、纪委

公司党委书记：杨朝东

公司党委副书记：马宇箭

党委委员：李晓明、杨朝东、范　仲、马宇箭、丁淑英、吴忠俭、唐景宇、邢　继、张宝钢、姜　宏、丁　健、吴建云

基层党组织及负责人名录见表3－4。

表3－4　基层党组织及负责人名录

序　号	基层党组织	负责人	备　注
1	总经办党支部	张兆盛	
2	党群工作部党支部	吴建云	
3	项目管理部党支部	丁　健	
4	商务部党支部	李　芳	
5	采购部党支部	董宏亮	
6	科技部党支部	袁　坤	
7	人力资源部党支部	李春京	
8	财会部党支部	胡　敏	
9	质安部党支部	李正华	
10	堆工所党支部	程和平	
11	总体所党支部	赵　博	

续表

序　号	基层党组织	负责人	备　注
12	设备所党支部	张耀春	
13	电仪所党支部	窦慧元	
14	总图所党支部	杜建军	
15	化工所党支部	王国权	
16	系布所党支部	王晓江	
17	建筑所党支部	施　红	
18	建筑工作室党支部	刘永鹏	
19	工程经济所党支部	张胜利	
20	信息中心党支部	郝建欣	
21	中核东方党支部	唐　意	
22	上海设计院党支部	李泽斌	
23	深圳设计院党支部	钟拥政	
24	秦山核电项目现场党支部	刘战勇	
25	福清核电项目现场党支部	齐安生	
26	桃花江核电项目现场党支部	沈振田	
27	海南核电项目现场党支部	陶　涛	
28	田湾核电项目现场党支部	宋建军	
29	八二一项目现场党支部	郝文江	
30	郑州分公司党总支部	陈力得	
31	河北分公司党总支部	牟　疆	
32	四达贝克斯监理公司党总支部	王苏伟	

2010 年 1 月，中国核电工程有限公司第一次党代会召开，选举产生了公司第一届纪律检查委员会。在纪委第一次全体会议上，选举杨朝东为纪委书记，王兴明为纪委副书记。纪委由 7 名成员组成，分别是党委书记兼纪委书记杨朝东、纪委副书记王兴明、纪委委员吕东宝、王勇跃、赵家雪、牟疆、胡成侠。

2010 年 4 月，马宇箭担任党委副书记兼纪委书记，杨朝东不再担任纪委书记。纪委的工作机构为纪检办，王兴明任纪检办主任。

五、公司工会、团委

（一）公司工会

工会主席：马宇箭

公司工会委员会委员：

吴建云、王世民、王　庆、刘　伟、余　淼、赵　博、刘永鹏、杨　宇、徐义兴、黄思伟、周文辉、董宏亮、王旭宏、牟　疆、杜长荣、陈建民、齐安生

工会经费审查委员会委员：

主　任：王兴明

副主任：胡　敏

委　员：王晓江、张志伟、李晓民、杨　屹、陈　赞

工会女工委员会委员：

主　任：余　淼

副主任：刘彦明

委　员：虞雁翎、曲　珺、邱尚莉、马　华、郝建欣、沙萱琳、吕晓婷

公司膳食委员会：

主　任：吴建云

副主任：周文辉

委　员：谭再跃、张雪茜、胡忠全、李海冰、王炳衡

（二）公司团委

团 委 书 记：杨景龙

团委副书记：杨　呈、刘　炫、徐　奔

团 委 委 员：邓　涛、孙彤彤、邹　凯、易　璇、贾鸿雁

第四部分　生产经营和科研工作

一、核工程总承包项目

（一）工程进展

1. 福清核电项目（1、2 号机组）

（1）概述

2010 年是福清核电项目 1、2 号机组土建施工的高峰，也是逐步向安装阶段过渡的一年。

（2）设计

2010 年主要设计工作如下：

1）系统设计；

2）核岛厂房土建、安装施工图设计；

3）BOP 子项施工图设计；

4）常规岛施工图设计；

5）采购及现场施工技术支持工作。

2010 年全年出版约 2.7 万份图纸、文件，约占文件总量的 42%；截至 2010 年底，累计出版约 5.3 万份图纸、文件，大约完成文件总量的 83%。

（3）采购

1）发标及合同签署情况

① 根据福清核电项目 1、2 号机组设备采购三级进度计划，2010 年度应发标设备采购包 92 个，实际完成 89 个，计划完成率 96.7%；

② 应完成设备采购合同签署 139 个，实际完成 114 个，计划完成率 82%。

2）主设备制造情况

与合同签署的设备制造进度及安装进度相比较，2010 年福清核电项目主要设备制造进度略有延误，其中最为严重的是蒸汽发生器，1 号机组 3 号蒸汽发生器相对于安装进度滞后 225 天，其他设备的延误情况均被覆盖。

3）到货情况

2010 年度福清核电项目 1、2 号机组计划到货 1 598 台（套），实际到货 1 054 台（套），共有 544 台（套）设备未按时到货，其中 277 台设备因现场不具备仓储条件而推迟发货，现场各类阀门到货 4 140 台，约占 1 号机组阀门总量的 70%，各类大宗材料到货 1 257 箱。

4）费用支付情况

2010 年度共计完成支付 350 笔，其中人民币部分 14.05 亿元，外币部分折合人民币 2.87 亿元，完成全年计划的 97.63%。

（4）施工

福清核电项目 1 号机组于 5 月底提前启动核岛安装，反应堆厂房于 8 月 15 日实现穹顶吊装，提前合同计划 78 天，标志着 1 号机组由土建阶段进入安装阶段。BOP 安装工作于 10 月初启动。

福清核电项目 2 号机组核岛、常规岛土建施工全面开展，核岛安装工作于年底前启动，为 2011 年 2 号机组反应堆厂房穹顶吊装、进入安装阶段创造了良好局面。

2. 福清核电项目（3、4 号机组）

（1）概述

2010 年是福清核电项目 3、4 号机组前期准备的关键一年。

（2）设计

2010 年设计工作如下：

1）系统设计；

2）核岛厂房土建、安装施工图设计；

3）BOP 子项施工图设计；

4）常规岛施工图设计；

5）采购及现场施工技术支持工作。

2010 年全年出版约 1.1 万份图纸、文件，约占文件总量的 18%；截至 2010 年底，累计出版约 1.4 万份图纸、文件，大约完成文件总量的 23%。

（3）采购

1）发标及合同签署情况

根据福清核电项目 3、4 号机组设备采购三级进度计划，2010 年度：

① 计划发标 149 个，实际完成 127 个，计划完成率 85.2%；

② 应完成设备采购合同签署 121 个，实际完成 68 个，计划完成率 56.2%。

2）费用支付情况

2010 年度福清核电项目 3、4 号机组总计完成支付 56 笔，其中人民币部分 7.04 亿元，外币折合人民币 193 万元，完成全年计划的 97.63%。

（4）施工

福清核电项目 3 号机组于 2010 年 12 月 31 日顺利实现 FCD，标志着福清核电项目 3、4 号机组正式开工建设。

3. 方家山核电项目

（1）概述

2010 年是方家山核电项目 1、2 号机组土建施工的高峰，也是逐步向安装阶段过渡的一年。

（2）设计

2010 年主要设计工作如下：

1）系统设计；

2）核岛厂房土建、安装施工图设计；

3）BOP 子项施工图设计；

4）常规岛施工图设计；

5）采购及现场施工技术支持工作。

2010 年全年出版约 3 万份图纸、文件，约占文件总量的 47%；截至 2010 年底，累计出版约 5.3 万份图纸、文件，大约完成文件总量的 83%。

（3）采购

1）发标及合同签署情况

根据方家山核电项目设备采购三级进度计划，2010 年度：

① 应发标设备采购包 86 个，实际完成 83 个，计划完成率 96.5%；

② 应完成设备采购合同签署 138 个，实际完成 113 个，计划完成率 81.9%。

2）主设备制造情况

与合同签署的设备制造进度及安装进度相比较，2010 年方家山核电项目主设备制造进度略有延误，其中最为严重的是蒸汽发生器，3 台蒸汽发生器相对于安装进度滞后 180 天，其他设备的延误情况均被覆盖。

3）到货情况

2010 年度方家山核电项目计划到货 779 台（套），实际到货 430 台（套），其中 349 台（套）因现场不具备仓储条件而推迟发货，到货各类阀门 2 097 台，各类大宗材料 960 箱。

4）费用支付情况

2010 年度方家山核电项目共计完成支付 323 笔，其中人民币部分 13.13 亿元，外币折合人民币 2.57 亿元，完成全年计划的 96.66%。

（4）施工

方家山核电项目 1 号机组于 7 月初提前启动核岛安装，反应堆厂房于 9 月 28 日实现穹顶吊装，提前合同计划 79 天，标志着 1 号机组由土建阶段进入安装阶段。BOP 安装工作于 5 月启动。

方家山核电项目 2 号机组常规岛于 3 月 13 日浇注第一罐混凝土，至此 2 号机组土建施工全面展开。

（5）调试

2010 年 8 月 26 日，方家山调试大棚可用。

2010 年 11 月 30 日，方家山联合调试队成立。

2010 年 12 月 7 日，调试中心参与方家山联合调试队的人员名单确定。

4. 海南核电项目

（1）概述

2010 年是海南核电项目 1、2 号机组的开局之年。

（2）设计

2010 年主要设计工作如下：

2010 年出版完成了系统手册、报警手册、规格书、技术文件、施工图和安装图等共计 1 650 份。

2010 年度，公司派遣常驻现场技术服务人员，最少月为 1 人，最多月为 4 人，全年折合 27 人月。设计代表在现场处理各种工程问题单共计 580 份，其中：CR 单（澄清单）335 份，FCR 单（变更申请单）198 份，DEN 单 1 份，NCR 单（不符合项报告）46 份。

（3）采购

1）发标及合同签署情况

根据海南核电项目设备采购三级进度计划，2010 年度：

① 应发标设备采购包 107 个，实际完成 93 个，计划完成率 86.9%；

② 应完成设备采购合同签署 124 个，实际完成 85 个，计划完成率 68.5%。

2）主设备制造情况

与合同签署的设备制造进度及安装进度相比较，2010 年海南核电项目主设备制造进度略有延误，其中最为严重的是蒸汽发生器和压力容器，3 台蒸汽发生器相对于安装进度滞后 180 天，1 号压力容器滞后 12 个月，其他设备的延误情况均被覆盖。

3）费用支付情况

2010 年度海南核电项目总计完成支付 133 笔，其中人民币部分 5.01 亿元，外币折合人民币 2.31 亿元，完成计划的 88.89%。

（4）施工

2010 年 4 月 25 日海南核电项目 1 号机组核岛厂房实现 FCD，10 月常规岛和泵房厂房分别浇注第一罐混凝土，标志着 1 号机组土建施工全面展开。

11 月 21 日 2 号机组实现 FCD，标志着海南核电项目全面开工建设。

（5）调试

2010 年 12 月 7 日，成立海南核电项目调试临时工作小组。

5. 田湾核电（5、6 号机组）扩建项目

（1）概述

田湾核电（5、6 号机组）扩建项目按 M310 堆型规划，开展前期工作。

（2）设计

2010 年主要设计工作如下：

2010 年 3 月完成了初步安全分析报告（PSAR）、设计阶段环境影响评价报告（EIR）和初步设计了 4 个专篇文件（职业安全专篇、职业卫生专篇、消防专篇、实物保护专篇）；

2010 年 4 月召开了可研审查会，2010 年 6 月 11 日提交可研收口报告；

2010 年 9 月 26 日，电力规划设计总院印发了《关于田湾核电扩建工程 5、6 号机组可行性研究报告的审查意见》（电规发电〔2010〕338 号），可行性研究工作完成；

2010 年 5 月国家核安全局批复两评报告；

2010 年 5 月 31 日完成了项目申请报告；

2010 年 4 月 30 日按期完成了初步设计；

2010 年 5 月启动系统设计；

2010 年底基本完成系统手册第一阶段设计工作。

（3）采购

1）发标及合同签署情况

根据田湾核电（5、6 号机组）扩建项目设备采购三级进度计划，2010 年：

① 应完成发标 187 个，实际完成 160 个，计划完成率 85.6%；

② 应完成设备采购合同签署 94 个，实际完成 44 个，计划完成率 46.8%。

2）费用支付情况

2010 年度田湾核电（5、6 号机组）扩建项目总计完成支付 20 笔，人民币 2.41 亿元，完成计划的 101.23%。

（4）施工

核岛：1RX 已具备筏基施工条件；

常规岛：负挖已完成；

BOP：GB 沟道结构施工，PX 泵房负挖完成 62.25%；BOP 沟道负挖累计完成 141 541 立方米，占工程总量的 65.28%；取水明渠、取水隧洞工程现场施工准备工作已基本完成。

6. 桃花江核电项目

（1）概述

桃花江核电项目核岛按 AP1000 堆型规划，开展前期工作，2010 年 12 月 14 日，“湖南桃花江核电工程 1、2 号机组工程总承包框架协议”签字仪式在北京举行。

（2）设计

2010 年 3 月至 11 月，参与了桃花江核电项目 1、2 号机组与业主总承包框架协议的谈判工作，并就设计部负责的框架协议条款与业主达成了一致。

根据2010年6月初集团公司核电部与中核核电联合组织召开的“AP1000项目第一次联席会”会议精神，三门业主单位和桃花江业主单位分别在6月中旬就三门核电项目5、6号机组和桃花江核电项目3、4号机组的前期工作委托发函给我公司，公司积极进行了响应。7月初公司领导邢继和项目领导带队拜访业主单位，就项目的前期工作开展进行了充分的沟通。7月底公司完成了设计组织机构的建立，8月初完成了项目可行性研究阶段工作大纲和FCD前工作计划，启动了两评报告和可行性研究报告的编制工作。

7. 田湾核电（3、4号机组）项目

（1）概述

2010年为对俄合同谈判的集中时段，经过三轮艰苦的谈判，《田湾核电站3、4号机组技术设计合同》于2010年9月23日签署，2010年11月30日生效。《田湾核电站3、4号机组总合同》主件于2010年11月23日签署。公司相关部门全程参与对俄两大合同的谈判，主谈对俄技术设计合同的谈判，协助业主对俄总合同的谈判。国内合同方面，《田湾核电站3、4号机组FCD前工程总承包框架协议》于2010年7月底部分签署。

田湾核电3、4号机组项目相关设备的采购工作已经稳步展开，其中《田湾核电站扩建工程3、4号机组汽轮发电机组供货合同》已经于2010年8月15日部分签署，保证了田湾核电3、4号机组项目常规岛相关工作的顺利推进。

（2）设计

俄方设计分为技术设计、详细设计两个阶段。中方设计分为总体设计、初步设计、施工图设计三个阶段。BOP子项随田湾核电5、6号机组扩建项目一起规划设计。开展了俄方设计输入数据的专题研究，如气象、海水水温、大气质量、金属腐蚀率等专题研究。编制了常规岛和BOP对核岛技术

设计的 27 份设计要求文件。完成汽轮机厂房、循环水泵房方案报告初稿；确定了双围墙内总平面布置方案。

核准：修编选址阶段环境影响报告书和厂址安全分析报告。编制完成海域使用论证报告。

（3）施工

现场施工尚未实质性开展。

8. 八二一厂核废物处理工程

（1）概述

该工程为国务院批准的集团公司八二一厂中长期退役治理规划的重要组成部分，由 4 个总承包工程组成，即高放废液玻璃固化工程、中低放废液综合治理工程、堆工区低放废水处理设施新址新建系统、低放有机废液处理工程，已全部签订总承包合同，除高放废液玻璃固化工程外其余 3 项工程均已完成土建主体结构施工。到场设备安装，主要进行设计修改的实施、设备单调及管道吹扫打压。

（2）设计

中低放废液综合治理工程、堆工区低放废水处理设施新址新建系统厂房部分基本完成出图。低放有机废液处理工程已完成国内部分的设计变更。高放废液玻璃固化工程已与德方技术服务达成意向性协议，按照初步协议开展后续工作。

（3）采购

中低放废液综合治理工程、堆工区低放废水处理设施新址新建系统、低放有机废液处理工程设备采购工作基本完成，部分未到场设备主要因设计变更引起，已采取措施加快采购进度。

1）发标及合同签署情况

2010 年八二一项目总计安排 45 个采购包，发标和合同签署全部完成。

2）支付情况

2010 年度八二一项目共计完成支付 55 笔，人民币 8 223 万元，完成计划的 78. 3% 。

（4）施工

中低放废液综合治理工程、堆工区低放废水处理设施新址新建系统、低放有机废液处理工程建安主体结构施工完成，到场设备全部安装就位，后续进行设备单调、管道吹扫打压及装饰装修工程。

（5）调试

进行了调试管理程序的编制、人员落实到岗、部门筹建等相关工作。

（二）质量保证和质量控制

1. 质量保证

组织公司各部门开展了程序充分性和适用性审查和修订工作，对公司管理手册进行了升版（C 版）。发布核电总包项目标准化质保大纲模板和 30 个大纲程序模板。

4 月 19 日，质安部组织召开“公司 2010 年度质量工作会议”，会议主要对 2009 年质量工作进行了总结，并布置了 2010 年主要工作要点。

6 月，质安部组织对公司总部、分公司、设计院及总包现场 12 个活动场所，11 个核工程项目共进行了 16 次内部审核/监察活动。总计发出纠正行动要求（CAR）72 项，观察意见（OBN）29 项。

8 月，公司顺利通过北京中设认证机构对公司环境与职业健康安全管理体系的年度监督审核，获得保持认证证书结论。

8 月 23—27 日，接受业主联合质保监察，本次监察共开出纠正行动要求（CAR）14 项，观察意见（OBN）14 项。

9 月，质安部组织公司开展了以“抓质量水平提升，促发展方式转变”和“树立质量法制观念，推动质量管理创新，打造优质装备产品”为主题的质量月活动。

11月29—30日，组织召开了“第二届总承包现场质量、安全经验交流会”。

公司QC小组成果共获国家级奖1项、部级一等奖2项，二等奖3项。

在公司内网上建立经验反馈栏，公布审核/监察发现问题、不符合项、设计质量事件等质量信息，在美国BECHTEL公司的总承包项目管理评估中提出3个良好事件的好评。

2. 质量控制

（1）建安质量控制

1）福清核电项目部

2010年福清核电项目部建安质量控制的工作亮点是加强过程控制，实行分步验收，预防过程性错误，避免大规模返工，推行质量促进度的理念。建安质量控制工作中出现的重大问题是1RC筒体24段浇注后，在扶壁柱1～4之间213.018～243.891 g，标高43.99～45.31 m区域，存在一条长约9.5 m的不良接茬和表面色差质量缺陷。建安质量控制管理的工作内容包括：质量计划开启3 312份，关闭791份；现场见证（*H*）点3 451次，停工待检（*W*）点30 837次，审查文件记录（*R*）点10 106次；施工方案年度审批438份；发出质控工作联系单964份，发出整改通知单345份；材料设备验收4 657批次，验收合格率95.8%。年度质量监督检查4次。

2）方家山核电项目部

2010年方家山核电项目部建安质量控制管理的工作内容包括：质量计划开启1 826份，关闭501份；*H*点12 100次，*W*点34 774次，*R*点2 522次；施工方案年度审批611份；发出质控工作联系单61份，材料设备验收6 149批次，合格4 343批次。

3）海南核电项目部

2010年海南核电项目部建安质量控制的工作亮点是1RC核岛底板浇注外观平滑，未见裂纹、蜂窝麻面等质量通病。建安质量控制管理的工作内容包括：质量计划开启277份，关闭102份；*H*点3 036次，*W*点6 765次，*R*点1 130次；施工方案年度审批140份；发出质控工作联系单224份，材料设备验收 1 607 批次。年度质量监督检查 8 次。

4）田湾核电项目部

2010 年田湾核电项目部建安质量控制管理的工作内容包括：质量计划开启 120 份，关闭 26 份；*H* 点 3 063 次，*W* 点 6 121 次，*R* 点 120 次；施工方案年度审批 151 份；发出质控工作联系单 92 份，材料设备验收 394 批次，合格 394 批次。

5）桃花江核电项目部

2010 年桃花江核电项目部建安质量控制管理的工作内容包括：质量计划开启 13 份，关闭 35 份；*H* 点 115 次，*W* 点 72 次，*R* 点 23 次，一次通过率 100%；施工方案年度审批 8 份；发出整改通知单 26 份（涉及 116 个整改项，整改率 100%）。本年度主要对厂区土石方工程（三个标段）、进厂道路工程（三个标段）、应急道路工程和进厂道路安全设施工程进行了质量监督检查，并对上述各工程组织了竣工验收。主要监督检查包括：组织施工方案审查；督促监理单位，对土建施工质量实施有效的控制；组织对现场发生的、偏离采购文件要求的不符合项的审查和处理，并对不符合项处理措施的实施情况进行跟踪和验证；组织工程变更审查；负责现场的管理和协调（包括总平面规划，仓储、环境等工作的管理和协调）；等等。

6）八二一项目部

2010 年八二一项目部建安质量控制的工作亮点是 TBP 工程（低放有机废液热解焚烧工程）顺利完成建安施工，堆化两区按照国防科工局要求顺利完成各子项封顶，短短五个月的时间所有地下部分土建完成，并进行了回填，安装工程顺利展开。建安质量控制管理的工作内容包括：质量计划开启 88 份，关闭 2 份；*H* 点 1 295 次，*W* 点 3 610 次，*R* 点 1 122 次，一次通过率 96%；施工方案年度审批 41 份；发出质控工作联系单 173 份，发出整改通知单 8 份；材料设备验收 948 批次，验收合格率 96.5%。年度质量监督检查 5 次。

（2）采购质量控制

2010 年度采购部主要采取的质量控制措施包括：

1）严格按照制造计划召开设备制造开工会，在具备开工条件后，组织供应商、业主在工厂按照编制的先决条件检查表进行检查，对供应商提供的人员、材料、制造设备及实验仪器、制造文件、生产环境进行文件审查和现场检查，达到要求后方同意开工。

2）执行质量计划过程中，项目负责人和驻厂代表在接到供应商的见证通知后，按照约定时间和地点，对材料入厂验收、主要或关键部件或工序按照设计、规范、标准进行见证，见证完成后按照相关监造管理程序要求编制见证记录。

3）项目负责人和驻厂代表按照完整性、有效性、正确性、可追溯性要求及时审查制造厂的相关制造记录、报告。

4）驻厂代表对于存在的质量问题发出《监造工作联系单》，要求供应商整改，并跟踪整改与回复情况；对于NCR，项目负责人和驻厂代表及时了解不符合项发生的原因，检查供应商采取的临时防护措施，按照不符合项分类进行跟踪，当技术处理方案确定后，跟踪验证技术处理方案的实施，直至不符合项关闭。

5）按半年一次进行片区巡视检查，对已经巡视检查的片区内驻厂代表及供应商进行监督、检查，对存在的问题提出改进行动项、改进措施并逐项落实。

6）片区经理编制了监督检查计划并正在实施，监督驻厂代表加强质量控制，对于发现的问题，督促驻厂代表改正，根据计划监督驻厂代表对设备制造质量的控制，使设备制造质量始终处于受控状态。

7）设备出厂前驻厂代表对设备实体和竣工文件进行检查，对于存在的问题，要求供应商改正，严格按照设备出厂验收管理程序的要求，加强设备出厂前的检查，确保交货设备质量合格。

8）建立了经验反馈体系和组织机构，9月份经验反馈管理小组成立，召开了第一次经验反馈会议，会后按照程序要求开展经验反馈工作，监造管理处编制经验反馈报告。

（三）安全生产管理

经公司研究决定，2010年度安全生产责任书仍单独签订。2月底至3月初，陆续完成了公司一级40份、总包项目一级6份和二级18份安全生产（HSE）责任书的签订工作。

截至2010年年底，各现场部升版或新编制发布了HSE工作程序和应急预案共计197个，基本满足了现场安全生产管理工作需求。

根据集团公司、中核核电有限公司4月份立即开展安全生产大检查工作的要求，2010年4月9日至23日由李晓明总经理、5个公司副总经理带队分赴6个现场开展安全生产大检查。

4月份开展了以“安全在心中、幸福在手中”为主题的“4·6”安全生产日活动。

6月份各总承包项目现场部开展了以“安全发展、预防为主”为主题的第9个全国安全生产月活动，其中主要包括6月份第三周进行的应急演练周活动。

12月份，公司总部接受集团公司安全环保检查，检查组对公司的安全生产工作给予了充分肯定。

2010年，总包项目现场全年共发生各类安全事件44起，除田湾、八二一项目建安分包商各发生一起违章责任导致一人死亡事故外，其余均是轻伤和未遂事件。

（四）费用控制

截至2010年年底，公司各项目的费用计划实际累计完成情况见表4－1。

表4－1　截至2010年年底费用计划实际累计完成情况

序　号	项目名称	计划/完成	福清1、2号机组	福清3、4号机组	方家山	海南	田湾5、6号机组	八二一项目
1	前期	计划额	91 506	3 229	21 187	46 436	18 060	
		完成额	70 323	3 229	23 199	51 495	20 165	0
2	设计及技服	计划额	92 627	28 800	78 428	15 100	12 740	
		完成额	96 977	28 800	77 791	15 100	15 986	9 351
3	项目管理	计划额	44 758	3 568	40 303	20 470	20 936	
		完成额	52 598	3 568	38 127	20 470	7 650	511
4	土建	计划额	179 161	1 943	136 356	33 298	8 660	
		完成额	143 959	1 943	128 527	32 806	7 047	13 745
5	安装	计划额	24 380	0	31 185	8 400	0	
		完成额	39 141	0	36 477	5 145	0	4 202

续表

序　号	项目名称	计划/完成	福清 1、2 号机组	福清 3、4 号机组	方家山	海南	田湾 5、6 号机组	八二一项目
6	设备材料	计划额	548 906	167 279	486 305	89 876	81 086	
		完成额	449 302	167 279	439 456	102 737	80 623	23 126
7	调试	计划额	1 795	0	2 200	0	0	
		完成额	1 000	0	2 200	0	0	0
8	总计	计划额	983 134	204 819	795 963	213 579	141 482	
		完成额	853 300	204 819	745 778	227 753	131 471	50 935

二、工程设计

（一）核电工程设计研发与评审

1. 国产化二代改进型核电项目

（1）总体进展概述

2010 年，是国产化二代改进型核电项目（CP1000）以福清 5、6 号机组为目标工程的设计固化年，全年的设计工作以初步设计为主线，同期开展与相关主审部门、同行业部门积极交流和取得认可的工作，以确保 FCD 目标下的后续施工图设计输入的完整性和正确性。

（2）初步设计工作

依据公司 2009 年 7 月发布的《初步设计工作大纲》要求，各设计单位全面开展初步设计工作，截至 2010 年 2 月底，初步设计已基本完成。

（3）施工图设计工作

2010 年，根据 FCD 前设计进度计划和施工图设计工作大纲的要求，制定并发布了系统设计工作大纲，规定了施工设计阶段需要开展的系统设计工作，并完成部分工作。

（4）项目申请和执照申请相关工作

1）联合研究工作

2010 年 3 月 30 日，公司、中国核动力研究设计院和环保部核与辐射安全中心在北京组织召开了联合研究第二次讨论会，共同讨论并确定形成了联合研究的安全设计重要改进项，包括了 177 堆芯、单堆布置和双层安全壳三大改进在内的 22 项重要技术改进。

2010 年 4 月，公司、中国核动力研究设计院和环保部核与辐射安全中心共同编写完成《国产化二代改进型核电机组重大改进项的安全设计及验收准则联合研究报告》，得出国产化二代改进型核电机组是具有自主知识产权的百万千瓦级核电品牌的明确结论。

2010 年 4 月 21 日，集团公司召开内部专家审查会，对国产化二代改进型核电机组重大改进项进行了审查，对重要改进项和下一阶段中国核能行业协会的同行专家审评会的会议准备工作提出了建议。

2010 年 4 月 29—30 日，受中国核工业集团公司委托，中国核能行业协会在北京组织召开了国产化二代改进型核电机组重大改进项同行专家审评会。与会专家一致认为，本项目具有安全性、成熟性、经济性和一定的先进性，提高了核电国产化和自主化能力，并具有自主知识产权。

2）PSAR 编制及相关工作

2009 年 7 月，公司发布了 PSAR 编制工作大纲。在各方的努力下，2010 年 2 月编制完成 PSAR 初稿。

2010 年 6 月，启动了 PSAR 的修订工作，作为工程总承包单位，公司和业主福建福清核电有限公司先后组织了 PSAR 的审查工作，并根据审查意见再次对 PSAR 进行了修订。

2010 年 7 月底，完成了福清 5、6 号机组 PSAR 和《初步安全分析报告编制情况说明专题报告》编制和出版工作，并于 7 月 30 日提交国家核安全局。

3）设计阶段环评报告（EIR）编制及相关工作

2010 年 8 月初，公司发布了 EIR 编制工作大纲。

2010 年 9 月底，完成 EIR 的编制和出版工作；10 月 11 日，将 EIR 提交环保部。

2010 年 12 月初，完成 EIR 简本并提交业主，用于开展设计阶段公众参与工作。

4）初步设计四大专篇的编制

2009 年陆续发布了初步设计阶段《职业安全专篇》、《职业卫生专篇》、《消防专篇》和《实物保护专篇》编制工作大纲。

2. AP1000 消化吸收和 AP1000 设计

（1）2010 年 AP1000 消化吸收主要工作

2010 年 1 月正式参与集团公司与国家核电技术有限公司第一批 TP 包技转谈判。

2010 年 1 月与美国西屋公司就设计咨询事宜进行了交流。

2010 年 4 月发布消化吸收工作大纲。

2010 年 11 月草签了与美国西屋公司技术咨询合同技术部分。

2010 年 11 月完成第一批技转 TP 包谈判，具备签字条件。

（2）2010 年 AP1000 设计主要工作

2010 年 9 月启动 AP1000 自主化设计，以三门核电工程 5、6 号机组作为依托厂址，并发布总体设计大纲。

2010 年 12 月 AP1000 自主化设计总体设计基本完成。

（3）三门现场技术支持和调研

2010 年，公司各专业所、项目部、采购部、施工调试部共派出 20 名人员在三门现场学习 AP1000 核电技术。完成了共 11 期 148 份约 2 200 页专题报告。在跟踪学习的同时，积极服务于公司的 AP1000 自主化总体设计工作，就总平面方面的问题在三门现场进行咨询。现场队还收集了大量工程设计、施工文件资料，包括设计修改、系统设计计算书、工作程序等，共收集了约 120G 的电子文件。

3. 秦山核电二期扩建项目

（1）设计与技术服务

秦山二期扩建项目在全体设计和管理人员及合作单位的共同努力下，除施工图预算、竣工图和技术服务外，设计工作基本完成，设计进度受控并满足了工程进度的要求。

完成了年度施工图预算、竣工图年度编制工作，现场安装、调试技术服务工作；完成了秦山二期扩建项目经验总结工作。2011 年度，公司派遣常驻现场技术服务人员，最少月为 31 人，最多月为 52 人，全年折合 510 人月。

（2）工程重大节点

2010 年 5 月 30 日，秦山核电二期扩建项目 3 号机组开始反应堆首次装料。

2010 年 7 月 13 日，秦山核电二期扩建项目 3 号机组反应堆实现首次临界。

2010 年 10 月 5 日，秦山核电二期扩建项目 3 号机组投入商业运行。

4. 岭澳二期核电项目

（1）设计与技术服务

2010 年出版完成了系统手册、报警手册、规格书、技术文件、施工图和安装图等共计 1 191 份，其中初版文件 217 份。

2010 年度，公司派遣常驻现场技术服务人员，最少月为 14 人，最多月为 37 人，全年折合 330 人月。本年度，设计代表在现场处理各种工程问题单共计 6 501 份，其中：CR 单 3 633 份，FCR 单 1 593 份，NCR 单 2 份，TCR 单 180 份，UES 单 295 份，DCR 单 798 份。

（2）工程重大节点

2010 年 4 月 21 日，岭澳核电项目 3 号机组开始首次装料。

2010 年 7 月 15 日，岭澳核电项目 3 号机组按计划实现首次并网。

2010 年 10 月 31 日，岭澳核电项目 3 号机组并网成功。

2010 年 12 月 30 日，岭澳核电项目 4 号机组取得首次装料批准书。

5. 中国实验快堆

2010 年中国实验快堆工程项目的主要工作是技术服务，解决调试过程中出现的技术问题。

6. 中国先进研究堆

中国先进研究堆由中国原子能科学研究院堆工所与河北分公司共同设计。河北分公司分包土建、工艺运输系统及辅助系统设计工作，2010 年配合项目施工调试现场服务。2010 年 5 月 13 日中国先进研究堆首次临界。

7. ACP600 和 ACP1000 三代核电技术重点科技专项

ACP600 顶层设计研究论证：完成全部 7 项预先研究，并通过内部评审，完成 7 项成果报告，完成总体技术方案编制。

结合出口 ACP1000 的需求，开展 ACP1000 的顶层设计，梳理与 ACP600 的共性科研课题，针对 ACP1000 需要的额外科研课题，提出项目建议书。“ACP1000 三代核电技术概念方案及科研补充报告”报集团公司并通过审查。按照评审意见修改并汇总 ACP600 科研设计课题策划书。

统筹考虑研发和设计的人力安排，完成未来五年的人力资源规划。

将知识产权、软件开发作为重点策划内容，编制软件改进/自主化立项报告，争取国家和集团公司经费支持，确定知识产权经理和专利工程师，对相关知识宣贯，明确策划流程。

确定相对固定的研发、市场推广团队，制定激励机制、鼓励创新，针对集团公司《中国核工业集团公司重点科技专项和优先发展技术管理办法》等编制了相关管理规定，确定了科研组织机构、各专业总设计师和课题负责人。

研究编制了需安审中心介入的研究与合作内容清单/计划；进一步细化了与中国核动力研究设计院（简称核动力院）、核动力运行研究所（简称一〇五所）分工合作范围。

8. 模块式多用途小型压水堆（ACP100）

ACP100 重点科技专项由核动力院牵头科研设计工作并对技术总负责，同时负责主回路和安全系统设计；公司负责辅助系统、核岛及 BOP 设计，河北分公司首次负责核电站常规岛设计。

2010 年 5 月，ACP100 重点科技专项策划通过集团公司评审。

2010 年 7 月，任命公司杨晓丽为该项目副总设计师，公司开始参与 ACP100 顶层方案设计。

2010 年 9 月，科研顶层方案固化。

2010 年 10 月，确定以兰州为潜在厂址，在 2012 年年底以核能发电和供热为主研究建设 4 ~8 台模块式小型堆，力争在 2012 年年底前具备 FCD 条件。

9. 核工程前期项目

根据集团公司和业主的要求，2010 年完成的工作如下：

（1）福清核电 3、4 号机组

完成福清接地 3、4 号机组扩建项目可行性研究报告的编制工作。

（2）田湾核电 5、6 号机组扩建项目

完成田湾核电 5、6 号机组扩建项目可行性研究报告的编制工作。

（3）福建莆田核电项目

完成福建莆田核电项目可行性研究阶段的各项专题报告，并通过专家评审。

（4）中核川东核电项目

完成并出版了中核川东核电项目初步可行性研究报告，完成初步可行性研究报告评审及报告收口工作。

（5）中核川南核电项目

完成并出版了中核川南核电项目初步可行性研究报告，完成初步可行性

研究报告评审及收口报告工作。

（6）安徽吉阳核电项目

完成安徽吉阳核电项目可行性研究阶段的各项专题工作，编制完成可行性研究报告。

（7）福建三明核电项目

完成可行性研究阶段“福建三明核电厂（可研阶段）环境放射性本底初步调查”等部分专题报告，并通过专家评审。

（8）辽宁徐大堡核电项目

完成并向业主提交辽宁徐大堡核电厂三维效果图。

召开辽宁徐大堡核电厂可行性研究阶段工作协调会，协商四通一平、总平面规划、可研和两评报告修编等工作，初步达成一致意见。

编制完成了辽宁徐大堡核电厂一期工程施工供热锅炉房设备技术规格书，并提交业主。

召开了“辽宁徐大堡核电厂厂前区总体规划及相关接口协调会”，业主与我公司及东北电力设计院（简称东北院）三方达成一致意见并形成会议纪要。

（9）江西烟家山核电项目

全面启动江西烟家山核电项目可行性研究阶段各专题工作。

（10）浙江龙游核电项目

完成浙江龙游核电项目总平面规划图及厂址拟征地范围图的修订版。

根据浙西核电项目筹建处的函件，公司参加在北京举行的《浙江龙游核电厂厂址安全分析报告》和《浙江龙游核电厂环境影响报告书（选址阶段）》的专家咨询会。

（11）国电漳州核电项目

参加国电漳州核电项目筹建处主持的漳州核电进厂道路（沿海大通道漳

州核电段）规划设计咨询会。

（12）中核湖北钟祥核电项目

完成中核湖北钟祥核电项目建议书的编制，启动可行性研究各项专题技术任务书的编制，气象站建立及观测，1∶1 000 地形图测量，岩土工程勘察。

（13）河南南阳核电项目

河南南阳核电项目在已完成可行性研究工作的基础上，协助业主单位展开前期的后续工作，完成 M310 方案总平面布置。

（14）中核云南核电项目

完成了中核云南核电项目厂址普选报告并通过审查。全面启动初步可行性研究专题工作。

（15）中核抚宁核电项目

完成中核抚宁核电项目初步可行性研究报告并通过专家评审，完成收口报告。

（16）重庆核电项目

完成重庆核电项目厂址踏勘工作，全面启动初步可行性研究专题工作，完成了项目建议书初稿上报。

（17）吉林核电项目

完成吉林核电项目厂址普选报告，并通过专家评审。

（18）黑龙江核电项目

完成黑龙江核电项目厂址踏勘工作。

（19）甘肃核电项目

完成甘肃核电项目厂址踏勘，展开初步可行性研究专题各项工作。

（20）江苏淮安核电项目

完成江苏淮安核电项目初步可行性研究报告，并通过厂址选择专家评审会。

（21）江西抚州核电项目

完成江西抚州核电项目初步可行性研究报告和项目建议书。

（22）中核三门湾核电项目

完成中核三门湾核电项目初步可行性研究报告和项目建议书。

（23）中核广东滨海核电项目

完成中核广东滨海核电项目初步可行性研究报告和项目建议书。

（24）中核湖南第二厂址核电项目

完成中核湖南第二厂址核电项目初步可行性研究报告及项目建议书。

10. 核安全审评

公司“北京核安全审评中心”和“国防科技工业专用核设施核安全审评中心”，长期一直为国家核安全局和国防科技工业局提供各类核设施核安全审评和监督技术服务工作。2010 年开展和完成的主要项目有：

（1）秦山第三核电厂运行技术审评（安全相关修改、特许申请、核电厂换料大修等相关工作的技术审评，定期安全审查准备及大纲审评）。

（2）中国原子能科学研究院在役研究堆（49－2 堆、原型微堆、微堆临界装置、快堆临界装置、铀溶液临界装置、固态零功率堆）日常运行、特许申请、事件报告、安全整治及更新改造、定期安全审查等审评及经验反馈。

（3）中国实验快堆和医院中子照射器日常运行、特许申请、事件报告等审评及经验反馈，完成中国实验快堆和医院中子照射器最终安全分析报告的评价报告。

（4）核安全法规、导则、标准的编制和审查。协助环保部核安全中心制定《示范快堆审评原则》、《商用后处理大厂技术规格书》；开展《高整体废物包装容器安全标准（HIC）》技术调研。

（5）核安全电气设备设计制造许可证技术审评和核安全电气设备监管技术支持；

（6）其他核设施核安全审评和监督技术支持。

（二）核设施退役和三废治理设计项目

2010年度核化工设计主要工作：

承担了八二一厂核废物处理工程总承包工程项目的工程设计、技术支持工作，积极配合总承包项目招投标、采购、制造、设备验收、现场施工等各项工作；承担八二一厂总体规划内核设施退役和放射性治理项目的设计与技术支持服务工作；承担大型核燃料后处理厂重大专项的科研工作和核燃料后处理厂工程前期工作；承担动力堆乏燃料后处理中试厂的调试技术支持、中试厂配套工程设计工作；承担中国原子能科学研究院核燃料后处理放化实验设施现场技术服务和技术支持工作等。

2010年全年开展项目数48个。全年完成项目数30个，阶段性完成数19个；开展重点科研项目14项，阶段性完成14项。开展工程科研12项，阶段性完成12项。

开展标准化业务建设5项，完成2项；阶段性完成3项。

（三）核燃料元件设计

（详见第七部分，一、郑州分公司）

（四）民用工程

2010年民用工程的主要工作：天津俊安国际大厦、中国核电城（海盐）、573台机房装修工程、秦皇岛江盟时代售楼处、西安正尚国际金融中心、江苏达胜加速器厂房、众诚白鹿泉体育休闲俱乐部酒店会所、中核核能研发中心及住宅工程、中核大厦、集团公司档案馆改造、田湾核电配套方案、龙山五期商业地块。

中国核电城（海盐）概念规划充分融合了海盐的历史文化、地域风情，以核电产业为基础依托；以点轴理论引出的一轴五区空间体系为划分；以绿色环保、人文和谐为特征；以数字中国核电城为宣传平台；以服务全国，容纳世界为目标，并通过专家评审，获得较高的评价。项目充分展示了公司在核电、建筑、规划等方面的综合优势。

三、科研工作

2010年，国家、集团公司和自主立项开展的课题数达120余项，国家和集团公司到位科研经费约1.5亿元，实现了跨越式增长。

（一）纵向科研

1. 大力推进先进核电技术攻关

2010年，紧紧抓住集团公司实施科技重点专项的契机，以一系列项目研发设计作为掌握先进核电技术的突破口和重要载体，公司科研取得了重要进展：

（1）积极组织ACP600/ACP1000重点专项立项论证，集团公司批复公司牵头课题30项、经费预算3.46亿元，为公司全面开发三代核电技术开好了局、起好了步。2010年，按计划组织完成了ACP600全部7项专题预先研究和顶层方案设计，围绕核电出口目标，组织深化ACP1000方案研究，为2011年研发工作的全面深入开展打下了良好基础。

（2）组织完成了ACP100小堆重点专项实施方案论证，获批项目经费约1亿元，按计划开展了18项关键技术课题研究、方案设计、经济性分析和市场分析，为下一步全面掌握小堆关键技术和承担总体院任务积极做好技术储备。

（3）积极跟踪和参与大型先进压水堆国家重大科技专项，与国核技有关方面签署了AP1000核岛重大关键设计技术、国产化标准设计技术、核岛工程管理技术和CAP1400关键技术等课题合作研究协议。牵头核级管道设计技术研究，通过了中咨公司评估，参与中国先进核电标准规范体系研究。

（4）组织承担了快堆技术预先研究，快堆核电站关键设计与安全技术研究课题列入了国家“十二五”核能开发规划。参与发起成立快堆产业技术联盟。为下一步全面参与快堆四代核电重点科技专项积极做好技术储备。

（5）2010年还组织承担了国家、集团公司及自主立项开展的其他30余项课题研究，包括ITER计划聚变裂变混合堆和超临界水堆预研等前沿技术，以及反应堆关键设备研制、核电废物最小化等关键技术，为先进核电技术攻关和二代改进型核电持续改进提供了有力支撑。

2. 核化工科研成绩显著

（1）后处理中试厂温热试课题全部圆满完成，为中试厂100%热调试成功提供了有力的科研保障，取得了核燃料后处理技术自主创新的重大突破。

（2）国家能源局与公司正式签订了14项科研课题任务合同书，批复经费2.056亿元。后处理重大专项总体实施方案历经55版完善修改，通过了国家能源局组织的专家评审。牵头组织相关单位申报的后续11项研究课题已通过国家能源局委托的评估，预算资金约3亿元，完成了国家后处理研发中心项目建议书集团公司评审，预算资金5.6亿元。

（3）核设施退役与放射性废物治理研发中心项目建议书通过了国际科工局评审，首批5 000万元资金到位，标志着前期工作正式启动。

（4）编制了公司《后处理重大专项管理暂行办法》，并按要求每月上报国家能源局专项进展月报。

（二）横向科研（核设备自主化）

（1）中低放废物桶外水泥设备研制样机通过了成果鉴定，填补了国内空白，达到了国际同类先进水平，并已为核电、核化工项目供货。

（2）新燃料运输容器项目攻克了结构、材料、设计集成等方面的关键技术，基本具备供货条件。

（3）大容量钴－60运输容器及场内转运容器通过了集团公司组织的专家鉴定，研发产品在工程项目运行中发挥了重要作用。

（4）百万千万级核电汽动辅助给水泵等9项核电国产化横向合作研发产品通过了鉴定并相继订货，其中核级密封垫片技术获国家科技进步二等奖。

（5）新立项开展的核岛管道防甩装置研发及安全壳过滤排放系统等自主供货研发项目取得阶段成果。

（三）技术管理

（1）标准编制：完成企标编制 345 项，与有关部门和单位推动二代改进型核电设计标准化工作取得阶段成果；承担国、行标编制研究任务 129 项，发布 4 项国标和 22 项行标，成为我国承担核电标准编制项目最多的单位。

（2）出版发行：2010 年度提交国防科技报告（GF 报告）68 篇，发表论文 175 篇，软件引进 18 批。公司刊物年内编辑出版 4 期，发行至各科研院所、大学、图书馆近 100 个单位，共发行 1 600 余册。

（四）知识产权与专利管理

2010 年，通过科技成果鉴定 12 项，获得国家、省部级和集团公司授予的科技进步奖 19 项，新申请专利 32 项。积极申报成果专利，成为北京市认定的专利试点企业。截至 2010 年年底公司专利累计达到了 112 项。

（五）国际合作

（1）人才引进：2010 年，继续保持与国家原子能机构、国家外国专家局、外国使领馆和相关企业、机构的密切接触，围绕科研关键技术完成国家外国专家局人才引进项目 8 项。

（2）外事合作：新申请国际原子能机构 TC（技术合作）项目 6 项；牵头编制了中法合作五年规划有关技术领域的研究专题；承办或参与承办国际会议 10 次。全年办理出国团组 178 批次，出访 503 人次。配合相关部门顺利完成利比亚技术人员在华培训任务。

（六）科研管理

（1）经积极组织申报，在集团公司第一批挂牌的工程技术研究中心当中，公司负责牵头组建核燃料后处理工程技术中心、核设施退役与放射性废物处理工程技术中心，同时参与组建先进堆工程技术中心、快堆工程技术中心、核燃料元件工程技术中心以及高放废物地址处置重点实验室，并负责牵头规划核特种设备工程技术中心和核仪器仪表工程技术中心的组建工作。

（2）集团公司在批复公司实验室的基础上挂牌成立“中核核电工程检测

中心”。

(3) 郑州科研实验楼国家拨款和自筹资金全部到位，通过了国防科工局验收。

(4) 因成果管理成绩突出，2008 年获得集团公司科技创新先进单位荣誉称号，并通过持续改进，公司科技创新评价得分由 2008 年的 2 000 分上升到 2009 年的 15 000 分和 2010 年的约 27 000 分，在集团公司排名显著提升。

第五部分　公司管理情况

一、综合行政管理

（一）目标管理

（1）修订并发布了公司《工作目标管理办法》，初步形成了目标层层分解、压力层层传递的机制。

（2）重点做好2010年度重点工作目标的编制工作和重点工作目标的分解工作，组织各单位与公司签订年度目标考核责任书，开展了对目标执行情况的年中检查和集中受理目标调整工作。

（3）归口集团公司对公司年度重点工作任务的考核工作，实行月报制度，确保公司承担的年度重点工作任务都有具体的责任部门和责任人。

（4）编制发布了公司《总部管理部门绩效考核办法》。

（二）管理体系建设和规章制度管理

（1）完成对公司已发布规章制度的梳理、分类，编制《公司规章制度汇编目录》，完成公司规章制度在协同办公系统的上传工作，并建立了规章制度实时更新、即时维护的运行机制。

（2）进一步加强了公司管理制度体系建设，在进行调研和征求多方面意见的基础上，起草了公司管理体系框架目录，明确各子体系的定义、范围、归口和配合部门。

（三）秘书工作

（1）完成总经理年度工作报告、董事会报告、公司领导向上级汇报工作等重要报告、讲话、材料的草拟工作。全年起草或初核公司的重要文稿及领导讲话、报告、汇报材料共计 130 余篇。

（2）做好年度工作会、创先争优研讨会、上级领导来公司检查工作、大型签约仪式等重要会议、重大活动的协调、组织工作。

（3）进一步规范公司会议的组织管理，起草了公司《行政会议制度》、《工作会议管理规定》，做好公司党政领导办公会的组织和会议记录工作，2010 年，公司共召开党政办公会 24 次。

（4）加强执行力建设，进一步做好公司决议的督、办、查工作。

（5）当好领导的参谋和助手，及时收集和了解公司领导分管业务领域的信息和动态，做好领导分管业务领域工作的综合协调、沟通与服务。

（6）建立了公司领导周日程安排汇总和统一发布制度，具体协调、落实公司领导的工作日程安排；为领导公务差旅和外出调研活动提供服务。

（7）重点加强秘书工作的服务意识教育和工作纪律教育。

（四）公文信息管理

（1）起草并发布了《公司信息报送工作管理规定》和《公司大事记编报工作规程》。

（2）全年向集团公司报送公司动态信息、综合信息共 25 期。

（3）编制公司《综合季报》4 期，并向集团公司、相关单位及公司各单位发送。

（4）进一步规范了公司公文处理工作。升版了《公司行政公文管理办法》、《电子公文管理办法》。全年收取并上网批转文件共 1 665 份；登记并批转密级文件 222 份；登记并制发公司级发文 2 242 份；收取并登记密码邮件 1 995 份，发送 407 份。

（5）努力提高公文流转效率、公文质量，确保了公文收发、传阅的规范，实现了公文办理无泄密、无漏办、无积压。

（6）印章管理。升版了公司《印章管理规定》。全年核用公司印章 16 564 次，法人印章 987 次，做到了印章使用无差错。

（五）公务接待和外联工作

（1）加强公司的接待管理，起草并发布了《公务接待管理规定》。

（2）随着公司业务的拓展，接待活动工作量显著增加，全年完成来访接待活动安排百余次。其中接待集团公司领导视察活动10余次，部级领导20次，接待来访各省市区县领导10余次，编印公司的新版宣传册、年历和新年贺卡，做好公务礼品选购工作。

（3）不断加强公务用车调度工作，努力提高用车服务质量。发布了《公务用车管理规定》；克服临时性车辆调用多、车辆限行限号多等现实矛盾，基本保障了公司领导的公务用车和总部各部门的公务用车，全年出车约1 800次，行驶里程约20万公里，实现全年安全行驶无事故。

（4）积极做好对外联络工作，保持与上级部门、地方政府、兄弟单位、重要业务联系单位的经常性联系，增进理解、密切关系，当好公司对上对外的窗口。

（六）保密保卫管理

（1）建立了公司保密管理制度体系，年内发布保密管理制度20余项，出版了公司保密管理制度汇编。

（2）定密管理工作得到了进一步的规范，发布了公司《涉密事项目录》。

（3）公司涉密局域网顺利通过国家测评，开展了公司内网计算机、连接互联网计算机上敏感信息专项清查工作，公司成为集团公司首批涉密广域网开通单位。

（4）修订发布了公司《总部办公区出入管理规定》，进一步规范了公司临时出入证的管理工作，完成了公司员工工作证的统一更换。

（5）组织开展了核能大厦消防疏散演习活动，指导现场项目部做好交通事故的处置工作，并组织公司各单位吸取事故的教训。集中开展了年度消防和交通安全大检查。

（6）做好公司信访和维稳工作，继续执行公司领导接待日制度，安排了春节、五一、国庆等节假日和“两会”等重大政治活动期间的值班工作，全年未出现消防、治安案件和重大交通安全事故。

（7）办理员工集体户口入户手续210余人次；配合地方政府完成人口普查工作；牵头公司员工两限房的申请工作。

（七）资产、后勤管理

（1）对公司统一采购的固定资产进行登记，建立资产卡片，做到物、卡、账一致。

（2）全年发放和更新台式电脑420余台（套），笔记本70余台，其他设备50台（套），为现场及分公司购买车辆6台。

（3）完成河北分公司办公楼的购置、装修工作。

（4）总部档案搬迁和档案楼的装修改造工作顺利进行。

（5）基本解决了2010年度总部新增员工的办公用房问题，启动了核能大厦A、C座的部分房间的装修工作，C栋老旧空调系统的更换工作全部落实；总部办公室门牌统一更换工作顺利完成，公共卫生间增添了节水、保护环境卫生的温馨提示，统一配备了厕纸。

（6）加强后勤保障的规范化建设，发布了《总承包项目现场后勤管理暂行办法》、《会议室管理规定》，对现场项目部办公生活设施及车辆购置实施了标准化规范化配置，简化了总部员工办公设备标配的审批流程，努力加大对公共食堂和物业公司的监督管理力度。

二、财务管理

2010年，公司财会工作积极开展创先争优活动，以构建社会主义和谐社会为原则，深入践行科学发展观，紧紧围绕公司2010年度重点工作目标，深化全面预算管理，完善预算授权审批制度和流程，加强和规范了预算的编制和执行分析；扎实推进公司财务管理和会计核算的各项工作，通过税收政策研究和内部制度建设，防范了资金和税务风险，提高了资金使用效益；初步建立了总包项目全成本核算体系和流程，启动了项目全成本核算工作；完成了预算控制与报销系统业务流程梳理及系统试运行与培训。

全年经公司上下共同努力，实现主营业务收入94.82亿元，利润5.08亿元，经济增加值4.07亿元，人工成本利润率75.67%，成本费用占主营业务收入94.62%。2010年超额完成了集团公司下达的预算考核目标。

2010年公司荣获集团公司“企事业财务预算管理星级评价‘三星级单位’”称号，并获得2009年度“财务决算优秀单位”和“资金集成与内部结算先进单位”的荣誉称号。

（一）全面预算管理

首次对福清、方家山、海南、田湾等 10 个现场部实行预算管理，单独核定并下达现场部预算，预算管理取得良好的成绩效果。组织编制上报集团公司《年度企事业单位负责人经营效益考核指标完成情况》总结报告、《经济增加值（EVA）诊断分析报告》。

加强分公司、子公司的预算管理，严格执行分公司、子公司收入分配及预算管理办法等规定，2010 年，首次对分公司下达了预算考核指标。

（二）会计核算与监督

认真做好预算执行分析总结，建立了项目财务工作月报制度，统一设计了月报格式。开展货币资金安全管理自查工作，防范资金风险，建立健全管理制度，完成“小金库”专项治理工作。

2010 年公司先后就财务预算管理、资金管理、项目资金管理、科研专项资金管理等方面制定和下发了 11 个管理文件。这些办法、规定、程序的发布和实施，规范了公司的财务行为，强化了风险防范措施，使公司财务制度建设日臻完善。

（三）成本精益管理

加强总承包项目全成本核算，推进项目全成本核算体系的建立，发布了《工程总承包项目全成本核算暂行办法》。在对各总承包项目 2010 年前 3 季度全成本进行了初步核算的基础上，完成了总承包项目的全成本核算，初步建立了全成本核算体系。

（四）科研专项资金管理

公司财务在做好服务的同时，加大重大科研项目财务管理的力度，对科研、重大专项等资金的使用、结余情况适时监控。制定了《中国核电工程有限公司科技重大专项经费管理暂行办法》。2010 年累计收到科研专项拨款 16 650.43 万元。

（五）会计信息化建设

完成开发财务预算报销系统，2011 年正式上线运行。该系统的正式运行将实现对每个部门费用预算实时管控，将财务预算控制与报销系统相结合，报销业务流程进一步优化，报销审批效率切实得到提高，提升公司整体预算控制水平。

三、人力资源管理

2010 年公司初步建立起比较完整的人力资源管理制度体系，编制完成公司人力资源中长期规划，公司管理部门编制升版，协调解决了管理部门职责交叉，公司管理、项目管理职责进一步清晰；推进多项目管理情况下的人力资源配置，完成核电总承包项目部进场阶段、FCD、穹顶吊装节点现场项目部岗位配置标准；规范了干部选拔任用工作程序，推动了干部交流；工资总额得到有效控制；建立激励机制，完成建立企业年金制度相关程序，鼓励员工积极考取职（执）业资格并在公司注册执业，创建学习型组织；开始开展对外（外国、外单位）培训，提高了公司的地位和知名度；初步建立绩效考核体系；积极推动技术服务用工，多元化用工比例大大提高，劳动关系和谐稳定，为公司年度目标的顺利完成和持续发展，提供了坚强的组织保证和人才支持。

截至 2010 年 12 月 31 日，公司有从业人员 4 637 人，其中：在职员工 3 776 人，技术服务员工 192 人，派遣员工 450 人，回聘 219 人。在职员工中，研究员级高级工程师 212 人，高级工程师 611 人，工程师 1 005 人，助理工程师及以下 914 人，其他系列专业技术人员 173 人，见习和无专业技术职称 861 人。博士 52 人，硕士 1 038 人，本科 2 166 人，专科及以下 520 人。

（一）干部管理

（1）王长东享受 2010 年国务院政府特殊津贴。2011 年 5 月 26 日，集团公司《关于转发人社部〈关于公布 2010 年享受政府特殊津贴人员名单的通知〉的通知》（中核人发［2011］248 号），公司副总工程师王长东被国务院批准享受 2010 年政府特殊津贴。至此，我公司已有 15 位高级专家享受国务院政府特殊津贴。

（2）邢继、范仲被聘为集团公司第一批首席专家。在集团公司 2010 年科技工作会上，公司副总经理邢继被聘为中核集团“先进核电站设计建造技术首席专家”，公司副总经理范仲被聘为中核集团“核燃料后处理技术首席专家”。中核集团第一批首席专家共 6 人。

（3）邢继荣获集团公司首届“钱三强科技奖”。在核工业创建 55 周年之际，为表彰在“十一五”期间做出突出贡献的科技人员，集团公司决定设立“钱三强科技奖”。经过评选并经集团公司总经理办公会审查批准，公司副总经理邢继被授予集团公司首届“钱三强科技奖”。被授予集团公司首届“钱三强科技奖”的共 5 人。

（4）建立健全干部任免管理制度，2010 年制定发布了《中国核电工程有限公司干部选拔任用工作管理规定》、《中国核电工程有限公司关于内设机构设置及干部任免管理规定》，理顺工作程序，使干部任免管理工作规范化、程序化。

（5）适应公司矩阵式管理需要，对福清、方家山等 6 个总承包项目部的干部进行了批量调整，公司领导、管理部门领导不再兼任项目部领导职务。

（6）首次顺利实现分公司总经理轮岗，交流任职。2010 年度共发布公司直管干部任免文件 45 份，完成 57 名公司直管干部聘任。

（7）进一步加强干部关怀工作，加强骨干员工凝聚力的建设。2010 年共向员工发放 247 份生日贺卡，获得收到贺卡员工的好评。

（8）解决了当年度干部两地分居问题。

（二）劳动用工

（1）进一步优化校园招聘体系，打造良好的品牌形象，得到集团公司表扬，成果喜人。

人力资源部制定发布了《招聘管理规定》，完善了招聘制度和工作流程，统一组织进行筛选简历、素质测评、面试初选，提高了科学性、针对性和满意度。组织开展了面试考官面试技能培训和面试人员资格认定，提高一线责任人员面试评估的能力和水平，强化面试的窗口性和关口性。2010 年共接收应届毕业生 429 人：博士研究生 16 人，硕士研究生 253 人，本科生 160 人；“211 工程”院校毕业生为 392 人，占总数的 91.2%；核专业人数为 69 人，占总数的 16%，成果喜人。

（2）积极探索多种用工途径和方式，逐步加大技术服务合作、技术型劳务派遣人员的比重。公司已初步建立“覆盖全面、信誉良好”的多元化用工支持系统。

已与 21 家人才服务机构建立了良好的多元化用工合作关系，显著提高了技术服务人员的用工数量和比例。公司多元化用工的比例由 2009 年年底的 13.5% 提高到了 2010 年年底的 18.5%；技术服务用工数量从 62 人增加到 192 人，技术服务用工比例从 1.3%，提高到 4.1%，为原来的 3.2 倍。

（3）重视劳动合同管理，协调解决重大问题，保持劳动关系的和谐稳定。

1）制定发布了《劳动合同管理规定》，进一步规范了劳动合同的管理工作。

2）将劳动合同信息录入信息系统，按月检查试用期、劳动合同到期情况，提前 60 天书面征求有关单位、员工关于劳动合同终止/续订意见，办理相关手续。

3）协调解决秦山核电二期扩建项目 BOP 项目部项目后期 35 人的劳动关系和人力资源调配。经同公司各有关业务管理部门和现场项目部充分沟通、协商，征求员工本人意见，除 10 人留至项目结束、2 人不符合续签合同离职外，其他 33 人全部安排到各核电项目现场。

4）协调解决了公司重组时遗留的、近一年时间一直悬而未决的监理公司 22 人劳动关系问题，消除了风险隐患。

（三）教育培训

（1）制定发布了《中国核电工程有限公司培训管理规定》等规章制度，启动内部培训讲师信息库建设工作。完成的主要培训：

1）组织完成 5 期新员工入职培训，培训 470 人。

2）组织完成 2 期核电专项培训。进行了核电知识专项培训、核电基本原理及项目管理概述培训，培训海南核电项目部、桃花江核电项目部、部分管理部门人员 209 人次。

3）组织完成核安全机械设备设计技术培训 1 项，共有 58 人参加了培训。

4）组织完成了工程项目管理专业培训，共有包含分公司及项目部在内的 96 人参加。

5）开展公司干部第二次轮训，组织完成了公司 2 期中层干部管理知识培训班。

6）为进一步提高在职人员的专业技术水平，培养复合型人才以适应核事业发展的需要，公司从 2011 年起与哈尔滨工程大学合作，举办了核能与核技术工程专业硕士班，已组织完成报名、考勤辅导，并发布了《哈尔滨工程大学核专业硕士班学习管理规定》。

（2）随着公司综合实力和影响力的提高，除开展公司内部员工培训外，公司应相关单位和组织的要求，逐步开展了对外部机构和个人的培训。2010 年以来，已组织进行了对利比亚人员核电培训、对广东电力设计院核电培训，通过培训，积累了培训素材，锻炼和培养了培训讲师，进一步丰富了公司培训资源。

1）利比亚培训。受集团公司委托，接受国际原子能机构（IAEA）和中国原子能机构（CAEA）下达的任务，组织完成对利比亚科技人员的培训工作，时间 4 个月，得到国家能源局、集团公司的表扬和利方人员的好评，提升了公司在国际、国内的影响力，有利于集团公司开拓海外市场，标志着公司具有对国外科技人员进行核电知识系统培训的能力。

共有 11 个部门 40 余人参与了教材编写、授课、翻译、接待等相关工作，涉及 19 项内容。培训完成后将形成中英文两套培训材料。

2）广州电力设计研究院培训。2010 年 8 月，广州电力设计研究院通过核工业勘察协会，委托公司进行核电方面的培训。10 月 27—29 日，公司系布所的 9 位同志赴广州电力设计研究院，对该院工程技术人员进行了核电站一回路系统、一回路设备、辅助系统、核电废物最小化、核岛布置方面的培训，培训反馈良好。

（四）绩效考核

初步建立了以公司战略目标为导向的全员业绩考核体系和规章制度，推进全员业绩考核工作。

（1）初步建立绩效考核制度文件体系，共拟定了14个制度文件，内容涵盖绩效考核管理制度（1个）、公司所属单位的绩效考核实施办法（6个）、公司所属员工的绩效考核实施办法（2个）、绩效考核的实施规定（1个）和专项考核实施细则（4个）。

（2）组织完成了公司管理部门正职2009年度考核述职及结果反馈工作。通过集中述职，既增加了一种沟通反馈的机制，促进公司内部的工作沟通、学习和交流，同时又有助于干部明确责任、理清思路、抓住重点和改进工作，取得了良好的效果。

（2010年考核优秀员工名单详见第九部分，三、公司级先进集体和个人）

（五）薪酬福利和社会保险

2010年11月19日，集团公司人力资源部副主任孙习康带队来公司进行《绩效薪酬管理工作调研》，认为公司人力资源管理工作有章法，有亮点，对公司人力资源管理工作给予高度评价。

1. 加强、规范工资总额管理，实现工资总额的有效控制

（1）对内做好工资总额的分配和管控。进一步完善了工资总额的分配机制，明确了工资总额与绩效增长、人员增长之间的挂钩关系，完善了工效挂钩机制；在工资总额使用的监控上，坚持全线控制的原则，即实现工资总额管理事先控制、事中控制、事后控制的完整结合；不断进行管理创新，采用了工资总额预算、预下达、决算、年末下达的“两上两下”管理模式，有效管理工资总额；在工资总额的管控结果上，截至2010年公司各单位工资总额使用有序、可控。

（2）对外积极争取工资总额支持。2010年公司业务迅猛发展，人员快速膨胀，工资总额缺口较大，人力资源部积极主动和集团公司人力资源部进

行了四次沟通及书面汇报，详细分析说明公司工资总额需求的合理性、紧迫性及工资总额短缺的情况，获得了集团公司较大的支持。

2. 加强薪酬体系建设

为构建科学、客观、公正的薪酬体系，在岗位评估的基础上，进行了外部勘察设计行业、工程建设行业的薪酬水平调查，为薪酬体系构建提供了参考和依据；征求了管理部门领导对于过渡期奖金管理办法的意见和建议，为新的薪酬体系指明了方向；先后进行了 20 余次薪酬测算，不断优化薪酬体系的科学性和合理性；修订完成了《中国核电工程有限公司薪酬管理办法》、《基本工资表》、《年薪制管理办法》、《薪酬体系首次套入认定办法》等薪酬制度文件，即将完成职代会审议前的准备工作。

3. 建立企业年金

2010 年 5 月启动了企业年金备案工作。人力资源部向海淀区劳动局申请《年金方案》（含《方案》、《方案说明》、《报备文件》共四套）备案，同时提交公司总部 2008—2010 年社会保险的缴费凭证。7 月接受劳动局的社保稽核，协助劳动局完成三年社保参保情况的稽核，8 月获得海淀区劳动局批准建立企业年金方案的复函。

2010 年 8 月，在商务部的协助下，与保险公司完成企业年金管理合同订立工作，确定企业年金的投资模式，并在劳动局获得企业年金计划登记号。

2010 年 6 月完成《企业年金细则》起草，2010 年 9 月 23 日总经理办公会通过，11 月 22 日提交公司职代会小组长会征求意见，12 月 23 日公司职代会代表组长会议审议同意。

2010 年 12 月完成 1 431 人的建账工作。公司总部年金首次缴费（2008—2010 年）总额为 2 302. 24 万元。

企业年金的建立，保障了员工退休养老水平，实现了公司对员工的长期激励。

4. 提高项目部现场部工作餐标准

从 2010 年 7 月 1 日起，各项目部现场部员工工作餐标准由 260 元/月调整为390元/月。

（六）其他

1. 编制完成《2010—2020年人力资源规划》

根据集团公司要求，在项目管理部、质安部、施工与调试部、采购部、商务部等部门的积极配合下，在很短的时间内完成了核电部要求的《2010—2020年核电人力资源规划》，上报集团公司，获得集团公司总经理助理李晓明、陈桦的好评。

该《规划》以集团公司2010—2020年核电项目规划为基础，从公司定位出发，按照人员分类（设计人员、采购人员、调试人员、现场人员、其他项目管理人员、职能管理人员）和用工形式（在职、技术服务、回聘、派遣）两个维度分析了未来十年公司的人力资源需求，从而勾勒出公司未来的人力资源结构，有利于增强人力资源工作的主动性和前瞻性。

2. 推进多项目管理下的人力资源配置，组织完成核电总承包项目部机构设置、人员配置标准

以方家山、福清两个核电总包项目的数据为基础，人力资源部组织项目管理部、商务部、采购部、施工与调试部、质安部5个业务管理部门多次开会讨论，并向已经FCD的三个项目现场征求意见，形成了项目部现场部从进场阶段到穹顶吊装（FCD－12到FCD0）的岗位标准配置方案，经公司党政领导办公会审核通过。以公司文件发布了《核电总承包项目部现场部进场阶段、FCD岗位标准配置方案》（核工人发〔2010〕85号）、《核电总承包项目部现场部穹顶吊装时点岗位标准配置方案》（核工人发〔2010〕140号）。

这两个方案明确了现场部各个里程碑节点的岗位设置、人员配置标准及人员进场进度，是公司核电总承包业务的经验积累，是人力资源管理向项目延伸的创新性工作。

3. 组织完成公司管理部门编制

为了使管理部门的人数及人员增加更具规范性和计划性，从5月起，人

力资源部组织总部各管理部门按照统一的格式填写本单位的岗位设计及人员规划，由公司人力资源主管领导和业务主管领导参加人力资源部与各部门逐个岗位的商讨，经过每个部门 1 ~3 次讨论后拿出初步方案，方案经公司党政领导办公会审核通过，以公司文件发布了《公司管理部门编制》（核工人发〔2010〕141 号）。

该方案规定了未来两年总部管理部门的编制数，明确了业务管理部门按照项目核算编制数的方式，测算了总部管理部门中技术服务人员的比例和人数。该编制方案与项目部现场部的岗位标准配置方案互为补充，形成了公司核电总包项目工程管理人员整个的配置标准，首次在人数和人员结构上对一个总包项目需要投入的人力资源有了明确的规定。在方案讨论过程中形成的一系列表格文件、方式方法、程序流程，将作为未来编制核定的参考标准。

4. 组织完成管理部门职责范围升版

人力资源部牵头与公司各管理部门多次会议讨论与反复沟通，历时半年，协调解决了管理部门职责交叉、职责不清问题，完成《公司管理部门职责范围》的升版工作，以公司文件发布了《中国核电工程有限公司管理部门职责范围》（版次：2），使公司管理、项目管理职责进一步清晰。

5. 进一步完善公司人力资源制度体系

制（修）订规章制度 17 项，进一步完善了公司的人力资源制度体系，为建立现代化的人力资源管理提供了制度支持。

（1）《中国核电工程有限公司劳动合同管理规定》；

（2）《关于中国核电工程有限公司异地长期工作补贴管理办法（修订）》；

（3）《关于中国核电工程有限公司培训管理规定》；

（4）《中国核电工程有限公司领导人员报告个人重大事项的规定》；

（5）《中国核电工程有限公司招聘管理规定》；

（6）《中国核电工程有限公司专业技术职务评聘管理办法》；

（7）《中国核电工程有限公司干部选拔任用工作管理规定》；

（8）《核电总承包项目部现场部进场阶段、FCD 岗位标准配置方案》；

（9）《中国核电工程有限公司医疗期管理办法》；

（10）《关于参加哈尔滨工程大学核专业硕士班学习管理规定》；
（11）《中国核电工程有限公司员工个人资质管理规定》；
（12）《中国核电工程有限公司技术服务用工管理办法》；
（13）《核电总承包项目部现场部穹顶吊装时点岗位标准配置方案》；
（14）《关于发布公司管理部门编制的通知》；
（15）《中国核电工程有限公司绩效考核管理制度》；
（16）《中国核电工程有限公司管理部门职责范围（版次：1）》；
（17）《内部培训讲师资格管理程序》。

6. 实现人力资源信息化 SAP 一期建设目标

SAP 一期于 7 月 13 日启动，12 月 13 日提前上线试运行。信息中心评价 SAP 一期是公司今年信息化建设完成得最好的项目。SAP 一期主要实现了：

（1）多维矩阵式的组织结构；
（2）全方位的人员信息管理；
（3）建立动态的人力资源管理模式；
（4）薪资福利体系的多属地管理；
（5）固化招聘流程，实现内部招聘流程化；
（6）公司培训体系的建立；
（7）满足公司统一管控、分级操作的要求。

7. 顺利完成专业技术职务评聘工作

制定发布了《中国核电工程有限公司专业技术职务评聘管理办法》，进一步规范了专业技术职务的评审、聘任和管理工作。组织完成了 2010 年度职称评审工作。2010 年，申请参加工程系列专业技术职务评审的员工共计 295 人。其中总部共 183 人，分公司、子公司共 108 人，委托代评 2 人，同级转评 2 人。

8. 建立激励机制，鼓励员工积极考取职（执）业资格并在公司注册执业

为满足公司发展的需要，制定发布了《中国核电工程有限公司员工个人资质管理规定》（核工人发〔2010〕113 号），鼓励员工积极参加个人资质的考试、取证和注册，不断提高自身素质；规范资质管理，建立了资质津贴和紧缺资质一次性奖励制度。顺利完成了原有个人资质的继续教育和延续注册工作，并为新进人员及时办理了资质的转入注册工作；积极做好员工资质考试的服务支持工作，对获得执业资格的员工及时做好初始注册工作。

9. 加强服务，为基层、为员工办实事

在“创先争优”活动中，支部带领全体员工，改进服务，为基层、为员工办了几件实事：

（1）在公司网首页建立了《人事指南》、《人事任免》两个专栏，方便员工了解。

（2）在《人事指南》专栏上发布了《人力资源办事指南》，对员工关心的、与员工切身利益相关的常见问题，如：五险一金基本政策解读、办理北京工作居住证等进行了解答，为各单位和员工及时了解人事制度、办事流程提供便利。

（3）及时将公司人事任免文件发布在《人事任免》专栏，2010年公司43个人事任免文件已全部挂在《人事任免》专栏。

（4）服务基层，加强信息沟通。对于现场反映的不能及时收到、看到公司有关文件问题，安排专人负责将公司人力资源管理规章制度等文件及时通过邮件发至各个总承包项目部现场副总经理以上人员、项目总经理办负责人、现场综合管理部正副经理，2010年规章制度发至各现场。

10. 稳定员工队伍

完成了进入公司的原核二院人员基本信息核对、房补测算工作，对符合条件人员已发放房补，稳定了员工队伍。

四、内部审计及全面风险管理

（一）2010年内部审计工作开展情况

2010年，全年共完成审计项目12项，其中分公司、子公司财务审计5项，科研财务决算审计5项，业务流程内控审计1项，集团公司专项审计1

项。审计检查中发现问题27项，发布内部审计制度3项。

（1）实施对物资设备采购、工程分包等合同过程审计。结合合同风险评估，明确关键业务环节，对包括合同前期策划、计划、招投标，合同签订过程的谈判、签订，合同执行过程的控制、变更、支付，以及合同后期的决算、评估等事项的管理情况进行全面了解和检查，重点对合同招标，未招标的服务类合同以及自主供货类合同管理情况进行报告，提出建议6条。

（2）完成招投标专项审计。按照集团公司工程领域专项治理工作的统一部署和要求，组织开展了对2008—2009年度招标管理情况的实地检查，对公司招投标制度、程序建立及执行情况、招投标过程文件、合同文本等进行了检查，从招标文件的编制、招标方式确定、评委和供应商的选择、评标办法的确定、评委的打分、定标过程、合同金额与中标金额的比对、变更事项控制等环节着重检查评价，提出建议6项。

（3）完成了郑州分公司、河北分公司后续审计检查，促进审计意见的落实，同时为防控资金安全风险，对各分公司货币资金管理进行了专项检查，针对货币资金管理中岗位制衡、及时对账、及时入账等方面提出了要求和建议。

（4）完成对3个控股公司内部控制情况的全面检查。开展对公司控股的四达贝克斯监理公司、核净公司、中核东方管理情况的全面检查，出具了3份检查报告。从各公司战略发展、经营管理、经济效益、财务收支、运营控制等方面进行检查并报告。

（5）完成科研项目审计。按照科研项目完成报验情况，编制完成科研项目审计报告5份，接待国防科工局科研专项等外部审计3项。

（6）积极构建内部审计工作制度化、标准化和程序化。编制完成了财务收支、预算管理、物资采购、工程管理等方面审计工作的规定，对相关业务板块审计的组织、范围、原则、内容、方式方法等进行了规范约定。

（7）完成小金库专项治理检查工作，对10个部门进行了检查。

（二）2010年风险管理工作开展情况

2010年，公司陆续完成了风险管理制度、程序、信息等基础性工作，开展了大量的人员培训工作，逐步理顺了风险管理的接口，开展了针对重点业务的专项风险评估与检查，实施了对公司重大风险的管控，初步形成了公司风险管理评估手册，全面风险管理体系初步建立。

（1）按照工作目标细化工作节点计划，分阶段布置讲解。完善风险管理工作机制；补充完善公司风险库；建立风险持续监督机制；提高风险管理能力，开展多种培训、辅导等，通过宣传、推动，执行风险管理的基本流程，促进各部门建立风险识别及自我评估的有效机制。

（2）按照业务类别进行专项辅导。2010 年，以财务管理、采购管理、合同管理、招标管理作为重点业务事项，以财会部、采购部、商务部作为重点部门，开展专项辅导，发放风险问卷调查；对于各处室负责人及业务骨干，一一组织专门访谈，结合具体业务，分析确认关键业务环节，协助分析识别潜在风险，指导填写风险清单并反馈修改意见，系统收集整理本处室风险点等。

（3）组织全面开展风险评估，针对重点业务开展专项风险评估与检查。2010 年，风险管理归口部门重点跟踪财务、采购、商务、人力资源、总包项目等业务板块，其中财会部、采购部、商务部已基本完成财务管理、采购管理、合同管理、招标管理等重点业务流程的全面风险评估。通过 2 次专题培训、23 次座谈会及对 80 余人次的访谈，有 320 人次参与调查表以及风险清单的填写，对 15 个招标项目合同管理过程进行了跟踪检查，对非招标项目进行了专项检查等，收集风险信息 180 条，汇集整理初步形成合同风险清单信息 110 条，评估出合同管理关键环节的重大风险。

（4）积极收集风险案例，初步建立风险案例库。根据集团公司《关于建立风险事件案例库有关事项的通知》（中核审发〔2010〕87 号）要求，公司组织收集筛选各业务板块有代表性的案例共 27 个，为后续项目的开展提供了有效的借鉴与指导。

五、信息化建设

（一）信息化规划

完成公司信息化规划工作，在全面、系统业务分析与梳理的基础上，借鉴行业最佳实践，明确了公司未来信息化发展愿景、目标、指导思想及应遵循的基本原则，制定了公司信息化应用架构、技术架构，初步明确了应用系统支撑产品架构，确定了“重点建设、深化应用、持续改进”的信息化发展路径。信息化规划的制定为未来公司信息化发展指明了方向、奠定了基础。

（二）应用系统建设

信息化建设继续围绕公司核心业务展开。进度计划管理系统（P6）全面应用于工程进度管控，核电工程文档管理系统在核电工程信息有效管理和充分共享中发挥重要作用；现场施工管理系统在方家山、福清核电项目先后上线，仓储管理系统陆续投入使用，提高了核电工程工作效率与精细化管理水平。合同采购管理系统与项目管理驾驶舱系统已启动实施。人力资源管理系统上线试运行、协同办公系统升级、经验反馈系统等服务于公司经营管理需要的信息系统已建立，有利于公司经营管理能力的提高；财务预算与报销系统、会议室预订系统、人力地图等员工自助服务系统的上线不但有助于员工工作效率的提高，也有利于营造以人为本的办公环境；公司外网网站的成功迁移，可确保公司网站的安全。

（三）IT基础设施建设

核能大厦中心机房二期、数据中心一期工程、Internet外网改造等项目的建设实施，为公司信息化发展提供了安全、稳定、可靠的基础运行环境与安全环境；公司信息安全管理体系成功发布，为公司信息系统安全、稳定、高效的运行提供了有效的管理保障；分公司和项目现场IT基础设施改扩建项目的成功实施，进一步完善了公司IT基础设施，为提供端到端的信息化服务奠定了基础；已初步形成了完整的覆盖公司总部、分公司、项目现场的IT基础设施体系，并透过项目现场可与项目业主实现“三通”（网络通、视频通、应用通）。

（四）系统运行维护管理

公司现有理正协同办公信息系统、公文处理系统、P6系统、邮件系统、档案系统、工程文档系统等运行正常，全面未发生重大运行事故或事件；涉密局域网系统通过国家测评，并获得好评。

（五）IT 治理

公司成立了以公司信息化领导小组为领导，信息中心为归口的信息化管理组织，并初步制定了相关的管理体系和规章制度。公司信息系统运行管理体系逐步得到完善；信息中心队伍在“质与量”上有较大改善，队伍初步形成，为公司信息化发展奠定了较好的基础。部门运行管理基本做到了规范、安全。

六、企宣及企业文化建设

出版《中核工程》报 6 期，布展公司橱窗宣传展报 16 期，编辑视频新闻 19 期，协助完成了公司新闻宣传片的制作和较好地落实了公司重大活动和领导活动的摄像工作；网络舆论情况的关注与引导工作得到加强；公司内网全年刊载新闻稿件 521 篇；发布公司视觉形象识别系统手册（1 版）。

七、商务管理

（一）合同管理

1. 总承包合同

签订了《田湾核电站 3、4 号机组 FCD 前工程总承包框架合同》、《辽宁徐大堡核电厂 1、2 号机组工程总承包框架协议》、《湖南桃花江核电工程 1、2 号机组工程总承包框架协议》、《八二一退役治理项目高放废液玻璃固化工程总承包合同》。

同时，福清核电 3、4 号机组项目总承包合同文本已基本完成页签，田湾核电 5、6 号机组扩建项目总承包合同文本已基本完成页签。

2010 年，实现工程总承包合同收款 81. 94 亿元，有力保障了各项工程进展及公司年度收入目标的实现。

2. 核电前期项目总承包合同

签订了《中核浙江三门湾核电项目初可研工程总承包合同》、《中核江西烟家山核电项目可研阶段工程总承包合同》、《甘肃核电项目初可研阶段工程总承包合同》、《福建三明核电厂可研阶段工程总承包合同》、《中核云南核电项目初可研工程总承包合同》。

3. 技术服务分包合同

福清核电 1、2 号机组项目、方家山核电项目核岛设计服务分包合同经多轮谈判基本完成页签。

签订了《海南昌江核电厂 1、2 号机组常规岛及相关 BOP 设计和技术服务分包合同》、《田湾核电站 3、4 号机组常规岛及相关 BOP 设计及技术服务框架协议》。

4. 建安分包合同

签订了《海南昌江核电厂 1、2 号机组土建工程承包合同》、《桃花江项目应急道路路面工程施工合同》、《桃花江项目负挖工程施工合同》、《田湾核电站扩建工程 5 ~8 号机组土石方正挖工程施工合同》。

（二）报价管理

1. 核电工程价格体系

编制了公司《报价管理程序》、《报价成本数据库管理程序》、《报价风险数据库管理程序》，规范了总承包合同报价模式、报价流程、各项费用测算方法。

2. 工程总承包合同报价工作

完成了福清核电 3、4 号机组项目总承包合同支付曲线的调整工作，确认了海南核电项目总承包合同价格、田湾核电 3、4 号机组项目 FCD 前总承包合同价格，完成了田湾核电 5、6 号机组扩建项目总承包合同报价工作。

（三）招投标管理

编制了《合格投标人选取程序》、《评标委员会成员确定程序》、《招标条件与招标计划管理》、《招标相关费用标准程序》、《招标代理业务管理程序》、《非招标方式发包管理程序》、《海南项目建安招标接口管理程序》。依据工程进展，开展了各项招标业务工作。

（四）法务和保险管理

1. 法律事务

结合公司主营业务特点，发布了《中国核电工程有限公司法律风险点》。根据公司实际业务需要，对公司重大合同、重要决策等进行法律审核。积极推进公司各仲裁或诉讼案件，维护公司及员工合法权益。

组织开展公司员工法律风险意识问卷调查、组织《建设工程招投标的法律要求与责任》法律讲座、“法律风险防范”普法知识竞赛等普法活动。

2. 保险事务

发布了《中国核电工程有限公司车辆保险管理工作程序》，编制了《中国核电工程有限公司建安工程保险管理工作程序》、《中国核电工程有限公司核电项目货物运输保险管理工作程序》。签订了《车辆保险协议》，实现了公司总部及各项目现场车辆的统一投保。

（五）公司资质管理

发布了《资质管理工作程序》，修订了公司《资质管理未来三年的规划》。

完成了公司设计资质甲级、乙级的换证工作，对外承包资质换证工作，民用核安全电气设备设计许可证申请工作。同时，定期开展公司技术合同的认定工作，做好公司高新技术企业资质维护工作。表 5 – 1 为 2010 年公司资质一览表。

表 5 – 1　2010 年公司资质一览表

序　号	资质名称	等　级	证书编号	发证日期	有 效 期
1	工程勘察资质	专业甲级	010003 – kj	2008 – 02 – 28	2013 – 02 – 21
2	工程设计资质	行业甲级	A111003049	2010 – 04 – 23	2015 – 04 – 20
3	工程造价咨询	甲级	甲 09011139349	2010 – 01 – 01	2012 – 12 – 31
4	工程招标代理	甲级	F111003049	2009 – 01 – 13	2014 – 01 – 13
5	工程咨询资质	甲级	工咨甲 20120070041	2009 – 08 – 12	2014 – 08 – 11

续表

序　号	资质名称	等　级	证书编号	发证日期	有效期
6	咨询评估资质	资格	发改委 2009 年第 14 号公告	2009－10－09	2013－10－08
7	建设项目环境影响评价资质	甲级	国环评证甲字第 1053 号	2008－09－09	2011－09－24
8	特种设备设计许可证（压力容器）	A1、A2	TS1210045－2012	2008－04－23	2012－04－22
9	民用核安全机械设备设计许可证	许可	国核安证字 S（06）03 号	2006－02－23	2011－02－22
10	民用核安全电气设备设计许可证	许可	国核安证字 S（10）14 号	2010－08－30	2015－08－29
11	高新技术企业	资格	GR200911001836	2009－11－25	2012－11－24
12	对外承包工程资格	资格	1100200200244	2010－04－30	—

八、赢得值管理

2010 年 5 月底，以福清核电项目为试点，出版了第一期建安进度绩效评价报告，报告采用赢得值方法，对项目整体和各分项工程的进度情况进行评价。同时在公司内部开始利用赢得值数据对进度、费用管理工作提供支持和指导。

赢得值的概念发源于 20 世纪 50 年代，于 20 世纪 60 年代被美国国防部确立为项目管理工具。目前国际上已普遍采用赢得值进行工程项目费用/进度综合控制。是否采用赢得值进行项目管理已成为衡量项目管理水平和项目控制能力的标志。为了加快赢得值方法在核电总承包项目管理方面的应用进程，公司 2009 年以福清核电项目为试点启动了赢得值专项工作。由于缺乏与基准进度匹配的费用分解资料，公司采用了一种“权重加载”的方法，以尽可能快速、有效的方式完成了以福清核电 1、2 号机组项目为试点的核电厂整体产值分解和加载。

经过业主单位、公司内部和相关建设单位半年左右的考察，福清核电 1、2 号机组项目的赢得值方案获得认可，2010 年 11 月公司启动了赢得值在其他项目的推广。

第六部分　党、纪、工、团工作

一、党建工作

（一）召开党代会

2010年1月28日，中国核电工程有限公司第一次党代会在京召开，大会审议通过了临时党委、纪委的工作报告，报告总结了公司成立以来建设发展的主要成绩和经验，明确了今后三年公司党建工作的主要任务，选举产生了公司第一届党委、纪委领导班子。大会民主、务实、团结、奋进，是公司建设发展的重要里程碑，为加强党委班子建设打下了良好的组织基础。

（二）开展创先争优活动

5月21日和6月29日，国资委、集团公司先后召开创先争优活动动员部署会议。公司党委及时学习、传达了会议精神，研究制定了公司党委“关于深入开展创先争优活动实施方案”，对公司的创先争优活动进行了全面安排。

（1）加强领导，落实责任，组建有力的领导机构。7月19日，成立了以党委书记为组长和创先争优活动第一责任人，以公司党政其他领导为副组长，公司党委其他委员和重要职能部门负责人为成员的创先争优活动领导小组，把创先争优活动作为公司的一项重要任务来抓。

（2）结合实际，反复酝酿，完善活动实施方案。

（3）大力宣传，广泛动员，努力营造活动氛围。7月26日，党委召开了公开承诺活动动员部署大会；公司党委围绕集团公司党组对公司发展的要求和公司的中心工作任务，从十个方面分52项做出了公开承诺；各个党总支、党支部及时明确了本单位公开承诺的工作目标和工作计划；各级领导积极带头，确保承诺工作进度。

截至12月底，各党总支、党支部承诺的事项共643项，已经兑现486项；党员承诺事项共8 564项，已经兑现7 935项。

（三）健全完善党建工作管理制度

根据公司党委的安排，完善、修订和实施了《关于授权党总支审批发展党员的实施办法（试行）》（核工党发〔2010〕17号）等9个党建工作制度规定，进一步规范了党建各项管理工作，加强了基础管理，促进了基层党组织工作的规范化、制度化和标准化。

（四）加强基层党组织和党员队伍建设

（1）调整健全总支、支部班子，及时办理了2个总支、8个支部成员的调整增补工作。

（2）经过党委会审议同意，授权3个党总支审批发展党员工作。

（3）做好入党积极分子培训工作。先后在北京总部、分公司、现场分3批举办了入党积极分子培训班，共有37名发展对象参加了集中培训。

（4）全年发展新党员50名，办理预备党员转正83名。

二、纪检监察工作

在集团公司党组纪检组监察部和公司党委的领导下，公司纪委监察部认真落实中央纪委十七届五次全会精神，坚决贯彻集团公司党组关于党风廉政建设和反腐倡廉工作部署和决定，坚持抓好廉洁从业、查办案件、专项工作、制度建设等重点工作，紧密围绕公司核电、核工程建设任务，为实现公司健康发展，努力积极开展纪检监察工作，较好地完成了年度工作目标。

（一）制度建设

2010年，结合公司的情况，制定了《中国核电工程有限公司贯彻落实〈建立健全惩治和预防腐败体系2008—2012年工作规划〉实施办法》、《中国核电工程有限公司〈建立健全惩治和预防腐败体系2008—2012年工作规划〉任务分解表》、《中国核电工程有限公司工作人员廉洁从业规定》。公司成立了“工程建设领域突出问题专项治理工作”领导小组，制定了《工程建设领域突出问题专项治理工作实施方案》。督促协调各部门建立和完善各种管理制度，2010 年建立各种管理制度 38 项。

（二）反腐倡廉宣传教育

公司纪委监察部把反腐倡廉宣传教育工作作为纪检监察工作的重点，着力提高广大党员和全体员工的廉洁从业意识，努力营造廉洁从业的工作氛围。

2010 年，组织学习和贯彻胡锦涛总书记在中纪委十七届五次全会上的讲话精神和新颁布的党纪法规知识；组织学习《中国共产党党员领导干部廉洁从政若干准则》；组织各党支部书记和纪检委员廉洁从业培训 80 人次；组织开展学习体会交流、征文活动；对部分工程现场进行了学习宣贯和辅导。开展反腐倡廉宣传教育月活动，纪委监察部编写了“廉洁从业”讲稿，对商务部、采购部以及方家山、福清、八二一项目等重点单位和工程现场进行反腐倡廉宣传教育，组织观看警示教育片《工程建设领域典型案例剖析》、《无声的蜕变——中核苏州阀门厂腐败案启示》，组织观看电视剧《远山的红叶》活动。订购、发放《中国共产党党员领导干部廉洁从政若干准则》、《镜鉴——国有企业廉洁从业教育读本》、《工程建设领域典型案例剖析》等学习材料和辅导材料。在公司的内网上发放《党风廉政建设》杂志上有关的防腐倡廉文章等学习资料共 70 篇。

据统计，2010 年，共组织学习和观看警示教育片 125 次，共发出各种学习资料和反腐倡廉文章 542 篇，刊登各种宣传报道 29 篇。通过各种形式的学习，使广大干部、职工提高了反腐倡廉、廉洁从业的意识，也增强了接受监督的自觉性。

（三）效能监察及监督

2010 年，公司效能监察共立项 28 项，上报集团公司 19 项，其中，公司级项目 1 项、公司所属各单位 18 项。重点围绕评标专家库的建立和使用管理、核电工程设计优化、核电项目合同管理、国拨资金执行率、项目现场财务规范管理、风险管理、干部选拔任用、内部挖潜合理降低管理费用等环节进行选题立项。加强效能监察项目实施过程的跟踪检查和业务指导。2010年通过开展效能监察规范管理、建章立制，实现了较好的经济效益和管理效益，共节约资金2 006万元。

2010年，公司纪委监察部加强对工程和物资设备采购招标投标活动进行监督，采取关注重点、进行抽查和检查的办法，共参加招投标监督50余次，约800余项次。

（四）巡视组专项工作

坚持把握重点、充分调动各方面的力量，积极配合集团巡视工作。一是积极完成好巡视工作的配合、组织协调工作。2010年，集团公司综合巡视组对公司进行了巡视检查。纪委监察部在公司党委的领导下，积极探索、认真研究，制定了配合巡视组检查工作的详细计划，落实了各单位、管理部门、分公司、工程现场接受巡视组检查工作的任务和责任人；坚持按照巡视组和公司党委的要求，积极做好组织、协调、配合工作；坚持认真落实对巡视组反馈意见的整改工作，提出了整改任务分类、制定了落实巡视组反馈意见整改工作方案，并按时上报巡视组。集团公司《纪检监察通讯》专门刊发文章《核电工程公司：认真落实集团公司巡视组反馈意见》对相关配合工作予以肯定。

（五）信访案件处理

纪委监察部对信访案件反映的问题，高度重视、认真查处，及时地对反映的问题进行调查了解，认真研究并提出处理意见。2010年，共接到来信7件，处理9件（含对2009年信访件处理）。对来信反映在招标工作中存在违规的人员进行了处理，处理人员1人，并用这些发生在身边的事例教育工作人员，起到了提醒和警示的作用。

（六）其他重点工作

积极做好召开集团公司惩治和预防腐败体系建设工作第一组交流促进会的工作。公司作为集团公司惩治和预防腐败体系建设工作第一组组长单位，圆满地筹备和组织召开了集团公司10个成员单位参加的交流促进会。集团公司党组成员、纪检组组长李学东，纪检组副组长、监察部主任孙化普出席会议。

积极完成好对工程建设领域突出问题的专项治理检查工作。公司作为集团公司工程建设领域突出问题专项治理第五检查组组长单位，负责组织检查了对二〇二厂、二〇八大队、航测遥感中心三个单位的专项检查工作，圆满地完成了集团公司交给的任务。

积极做好计划中的重点工作。各单位（部门）负责人与公司领导共签订党风廉政责任书35份；对公司管理的干部进行任前审查共43人；组织了对新提任（聘任）的干部集体廉洁谈话，共谈话21人；建立了纪检监察工作网络，在公司31个单位设效能监察员31名，在各党支部共设立纪检委员47名；参与了对“小金库”的治理的检查工作。

三、工会工作

（一）职工民主管理的组织管理工作

（1）组织各代表组讨论并收集《企业年金实施细则》方案意见和建议124条。

（2）召开职工代表会审议通过了《企业年金实施细则》方案。

（3）组织员工代表参加公司质量方针征集活动。

（4）组织职工参加地区人大代表征求意见座谈会。

（二）加强基层工会组织建设

（1）组织培训分工会主席学习工会知识和工作方法。

（2）发放分工会小组长工作指导书籍。

（3）指导帮助八二一现场项目部建立分工会。

（4）调整质安部分工会委员。

（三）关心职工生活

（1）开展春节送温暖活动，共资助了7名困难职工，补助金额：16 500元。

（2）国庆节期间共资助了8名困难职工，补助金额：17 500元。

（3）组织膳食委员会委员进行外出调研职工食堂系列工作，使得新引进餐饮公司在春节后顺利到位正常运营。保障了职工早、中、晚用餐的需求。

（4）丰富职工业余生活，发放工会专项福利卡4 467张（电影卡、洗衣票、生日卡）。

（5）建立工会帮扶基金专项账户，用于帮扶特困职工。

（四）积极开展文体活动

（1）举办第二届职工运动会，参加人数为1 400多人。

（2）组织舞蹈队编排节目，参加核工业创建55周年文艺演出活动，并获得优秀组织奖。

（3）组织舞蹈队编排文艺节目（民族舞、现代舞），上报集团公司文艺汇演录像，并组织参加集团公司到辽核现场慰问职工演出活动。

（4）组织公司76名单身员工参加“相约中核 真情互动”单身职工联谊活动。

其他：承办了国防邮电工会组织的学习“两个普遍”座谈会。

四、共青团工作

（一）“五四”青年节评优表彰

为表彰先进，树立典型，充分调动广大团干部和青年团员的积极性，增强团组织的凝聚力和号召力，更好地发挥基层团组织团结教育青年的核心作用和团员青年的先锋模范作用，不断深化青年文明号和青年岗位能手创建活动，表彰一年来在公司共青团工作中做出突出成绩的先进青年集体和个人，经团总支、支部推荐，公司团委研究决定：授予方家山现场项目部施工部土建科等10个单位“2010—2011年度中国核电工程有限公司青年文明号”荣誉称号；授予电仪所仪控一室常宗虎等10人“2010—2011年度中国核电工程有限公司青年岗位能手”荣誉称号；授予建筑所团支部等7个团（总）支部“2010—2011年度中国核电工程有限公司先进团支部”荣誉称号；授予财务商务党群联合团支部魏重阳等36人“2010—2011年度中国核电工程有限公司优秀团干部”荣誉称号；授予堆工所团支部石雪垚等 41 人“2010—2011 年度中国核电工程有限公司优秀团员”荣誉称号。

（二）“五四”青年节主题拓展

1. 联合开展“寻找六瓣丁香“单身联谊会”

为扩大公司单身青年交友范围，搭建平等、友好、真诚交往的平台，2010 年 5 月 22 日，公司团委与首都师范大学工会、北京交通大学工会等周边高校组织开展了“寻找六瓣丁香——2010 年单身联谊会”。

2. 为新员工发放“温馨提醒”卡片

2010 年 7 月，公司团委、建筑所团支部给新入职的员工制作了温馨提示卡片。卡片包括安居篇、通讯篇、饮食篇、文体活动篇以及交通篇等方面的内容，为广大新入职员工提供了生活方面的便利。

（三）青年文体活动

1. 组织开展“炫动青春 · 激情飞扬”主题活动

2010 年是中国共产主义青年团成立 88 周年及纪念五四运动 91 周年。为进一步弘扬“爱国、民主、进步、科学”的“五四”精神，引导和激励公司广大团员、青年以党的十七大精神为统揽，深入贯彻落实科学发展观，积极投身和谐企业建设，展现广大团员青年乐观向上、积极进取、团结协作的精神风貌，促进各企事业单位之间的沟通与交流，公司团委在五四当天与公司周边有关单位联合开展了“炫动青春 · 激情飞扬”主题拓展活动，整个活动由公司团委精心筹备，四个单位共有 200 多名青年参与其中。此次活动既丰富了员工业余文化生活，使大家从平时的工作中跳出来，共同聚在风景优美，鸟语花香的植物园里庆祝节日，又为广大青年员工提供了一个展现创新能力与青春活力的平台，让大家结识到更多的优秀朋友、拓展了生活空间。

2. 举办“你的起点，我们的未来”迎新晚会

为欢迎2010年新入职员工，充分展示公司广大干部员工奋发向上的精神面貌，用开放、热情、精彩的晚会，迎接朝气蓬勃的新员工，让新员工更快地融入公司这个大家庭，2010年8月30日晚，公司团委联合工会、人力资源部、建筑所团支部、舞蹈协会等举办了题为“你的起点，我们的未来”的“中国核电工程有限公司2010年迎新晚会”。集团公司人力资源部副主任孙习康，核二院院长郭喜军、纪委书记王明芝，公司党委书记杨朝东、党委副书记马宇箭、副总经理吴忠俭、副总经理邢继，及公司各部门领导和核信息院、计算机所等相关兄弟单位嘉宾出席晚会。

当晚，来自公司总部各单位、分公司和现场项目部的180余名演员演出了经过多次彩排和选拔精选出的25个节目。他们歌唱青春，携手未来，载歌载舞迎接新员工，充分展示了公司广大干部员工奋发向上的精神面貌。

3. 组织开展第二届篮球赛暨“核采杯”篮球赛

2010年11月15日，由公司团委、公司工会、篮球协会共同主办，采购部团支部承办的公司第二届篮球联赛暨“核采杯”篮球赛在中国人民大学世纪篮球馆隆重开幕，此次联赛共有公司多个部门18支队伍参赛。

（四）青年优秀科技论文评选

为深入学习实践科学发展观，推进公司科技创新与技术交流活动的开展，鼓励公司青年人员努力提高技术水平和业务能力，努力创建尊重知识、尊重人才、鼓励创新的良好氛围，2010年4月，公司团委组织开展了首届青年优秀论文评选活动。活动在一个月共收到226篇论文，评选出特等奖3篇、一等奖17篇、二等奖35篇、三等奖68篇。

（五）青年思想交流活动

为增进新老员工之间的认识和交流，帮助新员工更快更好地融入工作环境，使公司文化与公司精神得到更有效的传承，2010年8月13日下午，公司团委组织了公司总部优秀老员工代表与新职员工的新老员工交流会。本次交流会由公司团委书记、总经办主任助理杨景龙主持，受邀的4位优秀老员

工代表分别是来自总体所一室的宋代勇副主任、系布所总体布置室的刘伟副主任、项目管理部设计管理处的刘诗华设总和毛喜道设总。新员工为参加公司总部 2010 年第三期新员工入职培训的成员，分别来自采购部、项目管理部、信息中心、建筑所和设备所。会上，老员工代表们以亲切的笑容、生动的语言、精练的 PPT 和丰富的职场经历，为刚刚走出象牙塔的年轻的新员工们如何完美迈入职场指明了前进的方向，也为刚加入核电大家庭的有工作经历的新员工们如何迅速适应核电工作道出了真经。

第七部分　分 支 机 构

一、郑州分公司

（一）2010 年工作总体评价

2010 年是全面完成“十一五”发展规划的最后一年，也是郑州分公司抢抓机遇，迎接挑战，加快发展的一年。一年来，在公司的统一领导和大力支持下，郑州分公司切实围绕年度重点工作目标，认真组织、积极推动科研、设计、工程总承包以及重点项目建设等工作的开展，不断规范企业管理。经过全体干部员工的共同努力，圆满完成了公司下达的生产经营管理目标，各项工作取得较好成绩。

（二）组织机构设置

郑州分公司下设综合办公室、人力资源部、财会部、总工办、技术质量部、项目管理部、档案信息中心 7 个职能管理部门；1 个工程管理部门；核电工艺设计所、电气仪控设计所（实物保护技术研究所）、土建设计所、核工程研究设计所、民用建筑设计研究所、技术经济所、岩土工程所、核技术应用研究所 8 个科研设计所（如图 7－1 所示）。

（三）人力资源情况

截至 2010 年年底，郑州分公司在职人员 589 人（合同制工 512 人，退休返聘 18 人，劳务派遣和技术服务 59 人），其他人员 5 人。其中：职能管理部门 54 人；生产单位 523 人（核电设计单位 303 人，军核及民用设计、科研单位 169 人，工程部 51 人）；借调总部及现场人员共 12 人。

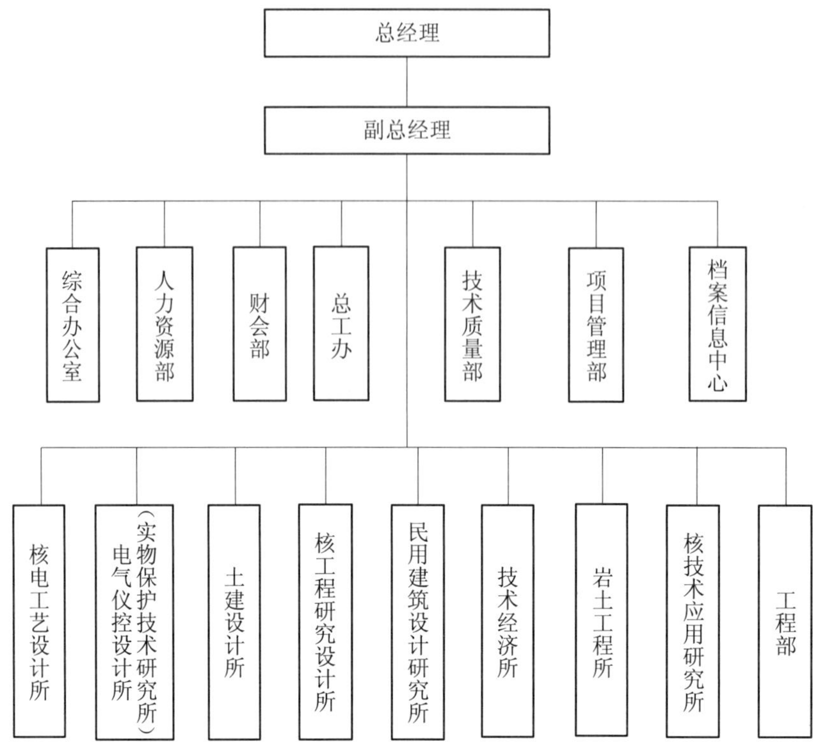

图 7－1　郑州分公司组织机构

（四）经济指标完成情况

主要经济指标完成良好，实现了稳步增长。

1. 合同签订

全年签订合同 64 项，合同额 17 778. 36 万元（不含核电）。其中：设计合同 16 179. 07 万元（军核合同 6 142. 17 万元；民用建筑合同 10 036. 9 万元）；地质勘察合同 398. 79 万元；科研合同 1 200. 5 万元（纵向科研 1 100 万元；横向科研 57 万元；技术服务 43. 5 万元）。

2. 勘察设计产值完成情况

完成勘察设计产值 13 935 万元，同比增长 91. 5%。其中：军核设计产值 5 865 万元，核电设计产值 5 080 万元，民用建筑设计产值 2 725 万元，地质勘察产值 265 万元。

3. 财务收入

实现财务收入 16 517.73 万元，同比增长 58%。其中：军核设计收入 7 017 万元，核电收入 2 744.35 万元，民用设计收入 2 585.04 万元，横向科研收入 159.57 万元，勘察收入 268.23 万元，工程总承包收入 3 560.78 万元，其他收入（监理、环评等）182.76 万元。

4. 利润

实现利润 144.6 万元。

（五）生产任务完成情况

1. 军用核材料、核燃料元件及其配套设施工程设计

按照“确保进度、质量第一”的要求，做到思想上重视、计划上严密、组织上落实、技术上可靠，圆满完成了工作任务。完成军核工程设计项目 36 项。

完成项目建议书 5 项：中核包头 AP1000 核电站燃料元件生产线、二〇二厂压水堆核电站燃料元件生产线二期扩建工程，四〇五厂、五〇四厂、九〇一一实物保护工程。

完成可行性研究 7 项：七〇三工程、二〇二厂生产系统给排水综合利用项目，八一二厂、八一四厂核事故应急工程，八二一厂、八一二厂、八一四厂实物保护工程。

完成初步设计 9 项：高温气冷堆核电站示范工程燃料元件生产线、JLQ 工程、八一二厂锂电池生产线技术改造工程、四〇四厂科研生产基础设施改造三期工程、八一二厂“十一五”安全技术改造工程，二〇二厂、四〇四厂核事故应急工程，二〇二厂、四〇四厂实物保护工程。

完成核工程项目安全分析报告 10 项：八一二厂核燃料元件生产线扩建技改工程、高温气冷堆核电站示范工程燃料元件生产线，JLQ 工程、BXYJ 工程、八一二厂基础设施改造工程等。

完成施工图设计 5 项：BXYJ 工程、八二一厂基础设施建设工程、八二一厂基础设施震后恢复建设工程、八一二厂基础设施改造工程、天津理化院

31 号北楼改造。

2. 核电设计

根据公司核电设计分工原则，郑州分公司承担了海南核电项目 1、2 号机组核岛部分施工图和部分 BOP 子项的设计任务，承担了福清、方家山、田湾核电项目的部分 BOP 子项的设计任务，承担了秦山核电二期扩建项目的竣工图编制任务，承担了福清、方家山、田湾、海南核电项目的常规岛设计审查任务，承担了山东海阳核电 SRTF 项目设计支持及服务，承担了部分核电工程子项的工程量清单的编制任务；参加了秦山核电二期扩建项目、海南核电项目设计现场服务、CNET—CNP650 核电数字化信息管理系统平台项目。具体完成工作如下：

（1）完成海南核电项目核岛厂房计划内施工图、AB1 ~ AB3 库、EF1 ~ EF11、AA、GB 等子项施工图和各核岛厂房三维模型建立工作。

（2）完成田湾核电项目 0603 工程培训中心、武警营房、生产办公楼及食堂等子项的方案设计和 AB1、AB2 子项施工图设计及预算编制工作。

（3）完成福清核电项目 YK 放射源库施工图设计。

（4）完成 CNP650 核电数字化信息管理系统平台开发、建设工作。

（5）完成秦山核电二期扩建项目 3 号核岛竣工图编制工作。

（6）完成计划内福清、方家山、田湾、海南核电项目的常规岛设计审查任务。

（7）配合秦山核电二期扩建项目、海南核电项目设计现场服务。目前郑州分公司有 11 位设计代表在秦山核电二期扩建项目现场进行设计服务，有 2 位设计代表在海南核电现场进行设计服务。

3. 民用工程设计

2010 年，面对激烈的市场竞争，进一步调整了工作思路，全方位、多渠道、分层次地开展经营工作，进一步增强了创新意识、品牌意识和服务意识。

完成民用建筑项目 9 项：完成施工图设计总建筑面积 200 余万平方米。主要项目有：锦艺国际华都二期 A04 和 B01 地块、郑州小岗刘项目四期、郑州小岗刘项目五期、郑州凤凰台项目商住楼 D 地块、郑州凤凰台项目商住楼 H 地块、郑州市英才苑项目等。

4. 岩土勘察

共完成 8 项：BXYJ 项目、703QLS 项目、正商明钻地块项目、中国联通 2009 年二期工程、正商蓝海港湾（S－03、S－04 地块）、七一五二一部队经济适用房项目等。

5. 总承包工程

2010 年分公司承担的总承包工程项目有 1 号工程、三〇三一工程、三〇三二工程和方家山、福清核电项目实物保护设备供货。各项目完成情况如下：

1 号工程：按工程建造和采购计划进行，完成年度计划任务。

三〇三一工程：基本完成工程建设，并通过国家竣工财务决算审计。

三〇三二工程：正在按计划进行。

方家山、福清核电项目实物保护设备供货项目：按计划完成了合格供应商的评审及招标工作。

6. 基础科研能力建设项目

该项目于 2010 年 10 月通过集团公司档案验收，2010 年 11 月通过国防科工局竣工财务决算审计，12 月通过国家竣工验收，圆满完成了分公司基础科研能力项目的建设工作。通过该项目的建设，完善了分公司科研设施，改善了分公司办公条件，改进了研究手段，提高了科研基础保障能力。

（六）科研任务完成情况

2010 年开展的纵向科研项目共 5 项，主要包括核能开发科研、武器装备预先研究、国防基础科研等，另外还有一些横向科研项目。执行项目总经费 8 670 万元（其中自筹资金 1 660 万元），各项目均按计划顺利进行，并取得新的突破，部分科研成果已应用在工程实践中。

1. 核能开发科研

IDR 工艺研究及装置研制项目：该项目是集团公司重点科研项目，郑州分公司是项目总体负责单位。2010 年本项目分两个课题同时开展了 100 吨铀/年 IDR 工艺试验和 200 吨铀/年 IDR 转换工艺及装置的研制，截至 2010 年年末，100 吨铀/年 IDR 试验装置已通过工艺实验，拿出合格 UO_2 粉末约 90 吨；200 吨铀/年 IDR 转换装置完成了加工制造、试验，并在通过源地验收后运往八一二厂现场。

核燃料芯块先进烧结系统研制项目：该项目已完成调研、资料收集、测绘等工作，通过实验、分析和模拟，完成了烧结样机总体方案设计和方案评审，完成了耐火材料优选，国产高纯刚玉耐火材料已完成首批样品。

2. 国防基础科研

动力堆燃料棒焊缝缺陷 X 射线实时成像检测技术和装备研究项目：完成了所有研究工作，技术指标达到了实施方案批复要求，技术总结等资料已上报。

3. 武器装备预研

顺利通过了集团公司组织的年度验收和考核工作，克服了本年度研究时间紧张等困难，完成预研合同规定的“十一五”规划所有研究内容。

4. 集团公司优先发展技术

MOX 燃料制造技术研究项目：2010 年郑州分公司与原子能院、四〇四厂共同承担了该项目研究工作。郑州分公司已根据项目计划完成了原 MOX 芯块生产线辐射防护计算并提交项目论证，完成了 MOX 燃料制造专用设备研制建议书并报项目牵头单位。

二、河北分公司

（一）2010 年工作总体评价

2010 年，是河北分公司进入核电设计领域的第三年，同时也是河北分公司进一步提升管理水平、增强设计能力的关键之年。一年来，在公司的正确领导和亲切关怀下，在公司总部各部门的大力支持和帮助下，河北分公司全体员工克服工作量大、年轻同志较多、核电设计经验较少等不利因素的影响，积极努力，逐步完善各项规章制度，提升管理水平；狠抓生产管理，进一步提升核电设计能力；开拓奋进，较好的完成分公司全年各项工作任务，胜利实现全年主营业务收入扭亏为盈，为河北分公司的持续、快速、健康发展奠定了坚实的基础。

（二）组织机构设置

河北分公司设总经理一名、副总经理两名，根据工作需要，公司研究决定，河北分公司领导班子调整为总经理一名、副总经理一名。下设综合办公室、设计管理部、人力资源部、财务部、技术质量部 5 个职能部门与核电工艺所、电气自动化所、建筑结构所、工程经济中心 4 个生产部门，并对公司采购部河北分部进行行政管理（如图 7－2 所示）。

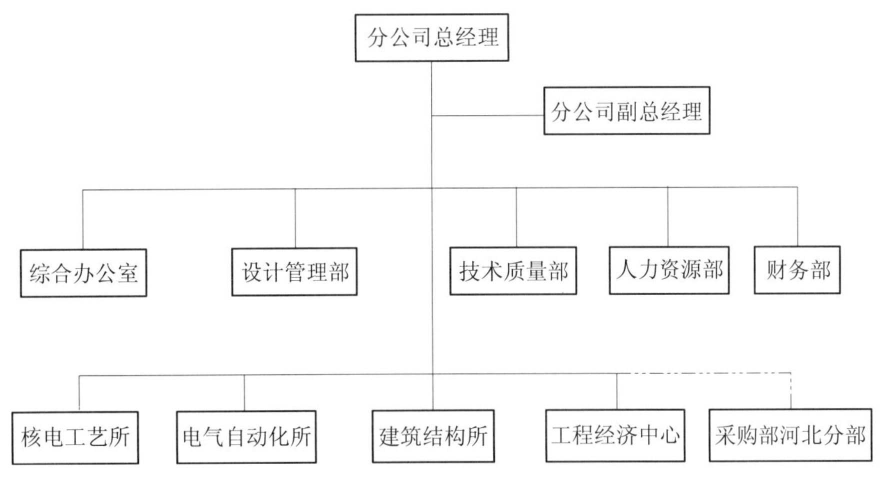

图 7－2　河北分公司组织机构

（三）人力资源情况

2010 年，河北分公司员工队伍发展到 361 人，其中本部 330 人（含劳务派遣员工 16 人），借调公司总部：31 人，同时代管公司采购部河北分部 99 人（不含机械员和纽力克派遣人员 62 人），领导班子构成与具体机构干部配备、人员分布见表7－1。

表7－1　河北分公司人力资源情况

<table>
<tr><td colspan="9">领导班子构成</td></tr>
<tr><td colspan="2">总经理</td><td colspan="7">唐景宇（2010－09－09免）、王勇跃（2010－09－09任）</td></tr>
<tr><td colspan="2">副总经理</td><td colspan="7">牟疆、于利祥（2010－09－09免）</td></tr>
<tr><td colspan="9">机构人员分布与干部配备</td></tr>
<tr><td colspan="2" rowspan="2">机　构</td><td colspan="2" rowspan="2">人　数</td><td colspan="2">行政负责人</td><td colspan="2">技术负责人</td><td rowspan="2">备　注</td></tr>
<tr><td>主任（所长）</td><td>副主任（副所长）</td><td>总工程师</td><td>副总工程师</td></tr>
<tr><td rowspan="5">职能部门</td><td>综合办公室</td><td rowspan="5">37人（劳务派遣员工7人）</td><td>5</td><td>陈士良</td><td>—</td><td>—</td><td>—</td><td></td></tr>
<tr><td>设计管理部</td><td>17</td><td>王献庭</td><td>方琳</td><td>—</td><td>—</td><td>高俊芳（主任助理）</td></tr>
<tr><td>技术质量部</td><td>2</td><td>任建平</td><td>—</td><td>—</td><td>—</td><td></td></tr>
<tr><td>人力资源部</td><td>5</td><td>—</td><td>余自力（主持工作）</td><td>—</td><td>—</td><td></td></tr>
<tr><td>财务部</td><td>4</td><td>—</td><td>杨屹（主持工作）</td><td>—</td><td>—</td><td></td></tr>
<tr><td rowspan="4">设计部门</td><td>核电工艺所</td><td rowspan="4">305人（劳务派遣员工9人）</td><td>131</td><td>赵荣</td><td>李舒平</td><td>程中</td><td>李建敏</td><td></td></tr>
<tr><td>电气自动化所</td><td>64</td><td>康乐</td><td>解险峰
吕晓婷</td><td>解险峰（兼）</td><td>尹增广</td><td></td></tr>
<tr><td>建筑结构所</td><td>64</td><td>—</td><td>陈庆国（主持工作）
王书峰
刘建辉</td><td>刘建辉（兼）</td><td>—</td><td></td></tr>
<tr><td>工程经济中心</td><td>7</td><td>兰彦超</td><td>—</td><td>—</td><td>—</td><td></td></tr>
<tr><td colspan="2">公司借调人员</td><td colspan="2">31</td><td>—</td><td>—</td><td>—</td><td>—</td><td></td></tr>
</table>

河北分公司361名从业人员中，研究员级高级工程师15人、高级工程师56人、工程师69人、助理工程师163人、技术员3人、其他系列13人、无职称42人（其中25人为2010年新进应届毕业生，1人为分公司借调人员，15人为劳务派遣人员、1人为无职称人员）。

资质情况：2010年，河北分公司共62人拥有各类职业（执业）资格，共24类104项。各类职业（执业）资格人数表详见表7－2：

表7－2　各类职业（执业）资格人数表

序号	职业（执业）名称	人　数	序号	职业（执业）名称	人　数
1	二级注册建筑师	2	13	安全评价	3
2	一级注册结构工程师	7	14	高级项目管理师	9
3	注册咨询工程师（投资）	4	15	项目管理师	1
4	注册造价工程师	7	16	全国工程总承包项目经理	7
5	注册公用设备工程师（给水排水）	4	17	全国造价员	9
6	注册公用设备工程师（暖通空调）	3	18	压力管道设计审批	16
7	注册公用设备工程师（动力）	3	19	高级人力资源管理师	2
8	注册化工工程师	1	20	注册核安全工程师	1
9	注册电气工程师（供配电）	5	21	质量专业技术人员	1
10	注册电气工程师（发输变电）	3	22	消防专项合格证	11
11	注册城市规划师	2	23	一级建造师	1
12	注册环保工程师	1	24	勘察设计注册采矿	1

（四）超额完成全年目标产值，经济效益显著提高

2010年是河北分公司以编制者代码出图的第二年，是河北分公司承担各项目核电设计任务和施工服务的高峰年。2010年，河北分公司核电设计任务大幅度增加，核电收入由2009年的2 481.4万元增加到5 665.7万元，较上年增长128.33%；全年共签订核工程、民用工程项目设计合同18项，财务收入由727.7万元增加到1 478万元，同比增长103.11%；实现全年财务收入7 143.7万元，同比增长122.61%；通过加强预算管理，严格控制开支，实现利润187.8万元，利润额较2009年增加1 336万元，超额完成了公司下达的财务收入5 370万元、收支平衡的目标，主营业务收入历史性地扭亏为盈。

（五）精心组织、周密策划，全面完成核电、核军工、民用设计及配套工程等各项任务

2010年是河北分公司转向核电设计的第三年，自2008年公司重组以

来，在公司的正确领导和大力支持下，河北分公司核电设计经历了参与学习，在公司指导下开展设计，到基本独立承担分工范围内的核电设计工作，实现了从无到有，从弱到强的飞跃。

1. 全面完成核电设计生产任务

2010 年，河北分公司圆满完成公司规划及设计分工范围内的福清核电项目一期及 3、4 号机组，方家山核电项目以及田湾核电 5、6 号机组扩建项目以河北分公司编制者代码出图的设计任务，共完成图纸 36 632.5 张，折合 25 014.297 5 A1 张，设计文件 23 577 A4 张，2 769 A3 张。发各类审查单、意见单、备忘录等约 3 910 份。各项设计指标较 2009 年均实现大幅度增长（设计图纸增加 3 倍，文字（表类）增加 5 倍）。

河北分公司 BOP 厂房的项目设计工作逐步增多，完成了福清核电项目一期及方家山核电项目 ED、FC、FS 等子项的设计工作以及 FC、HX 等子项工程量清单，福清核电 3、4 号机组及田湾核电 3、4 号机组项目 GB 廊道、YA/B 等子项设计已全面展开。

通过河北分公司全体员工的共同努力，高质量、高标准地完成了全年各项核电生产任务，设计质量整体良好。

2. 核工程及民用工程设计进展顺利

在核工程及民用项目设计中，河北分公司全年共编制核动力院中国工程试验堆（CENTER）建设等项目建议书 5 项，核动力院放射性废物处理中心建设等可行性研究 4 项，方案设计 4 项，30B 项目 FCD 前期工程等初步设计 9 项，原子能院 138 工号厂房二期建设工程等施工图设计 8 项，编制原子能院中国先进研究堆（CARR）工程竣工图等 3 项，共出图 6 720 张，折合 2 660 A1 张，文字 3 834 A4 张。同时，完成了中国先进研究堆工程调整概算等多项工程经济任务。

3. 核电项目设计管理取得进展

派驻 5 个副设总到公司总部承担项目设计管理工作，加强了设计管理力量，提高了河北分公司的设计管理能力，为河北分公司独立承担核电设计打下了良好基础。

4. 施工服务运行良好

在做好核电项目设计的同时，河北分公司按照公司要求和项目现场需要，加强施工服务，完成了各项目现场配合及常驻设计代表（简称设代）服务，并通过经验反馈更好地促进了设计工作，收到了较好的效果。一年来，河北分公司布置、通风、电气、自动化、结构、总图等6个专业参加了岭澳二期核电项目、福清核电项目一期工程、方家山核电项目、田湾核电项目4个项目的常驻现场设代施工服务，共有43人次，常驻设代服务6 503人·天。施工服务人员工作积极主动，得到了各个现场的一致好评，为各项目现场工作的顺利开展作出了贡献。

5. 项目管理工作取得积极进展

在河北分公司负责的集团公司河北核电办事处的工作中，配合秦皇岛核电项目设计组完成收资和地方政府的关系协调，参加并组织了初步可行性研究7个专题的审查工作，协调了工程地质专题岩芯的存放和保管事宜，完成了《中核河北抚宁核电项目初步可行性研究报告》评审工作及收口报告的编制和报审。

此外，河北分公司还牵头对四川广元火电项目开展了设计协调和技术支持工作，协助集团公司起草了《广元火电项目进展报告》。

（六）科研工作实现了从无到有的突破

2010年，河北分公司首次承担了集团公司纵向科研任务，参与了集团公司“模块式小堆ACP100”科研项目，河北分公司承担了其中的水电热联供方案研究、汽轮发电机组及热力系统、常规岛电气及仪控、工艺及土建设计研究4个子课题的科研工作。河北分公司对此高度重视，积极组织专业人员投入科研工作，确保研发目标及设计目标按时完成。目前，各子课题的“实施方案”、“经费概算”、“概念设计”、“三级计划”、“方案设计大纲”、“课题策划书”、“2011年度建议计划”的编制工作已经完成，汽轮发电机组的设备调研工作、课题研究工作顺利进行。

（七）基础管理不断完善

1. 制度建设进一步完善

2010年，河北分公司积极加强规章制度的建设，全年共发布综合行政类管理规定7个；生产经营类文件6个；技术质量类文件11个；人力资源类文件4个；财务类文件8个。通过各项规章制度的建立，逐渐完善了河北分公司的管理体系，初步实现了用制度规范人，用制度激励人，用制度约束人的良好企业运行机制，保证了河北分公司工作的顺利开展和平稳运行。

2. 设计管理持续加强

（1）核电设计管理工作不断加强

2012年度编制完成3个核电设计管理程序，提高了工作效率、规范了设计行为；加强了内外部接口清单的及时处理与跟踪，保证内外部配合的及时有效，增强了配合的准确性，提高了河北分公司的设计管理能力，为河北分公司独立承担核电设计奠定了坚实的基础。

通过“河北分公司核电设计工作汇报会”，对河北分公司核电设计能力进行总结，针对存在的问题和不足，制定了针对性的措施。会议进一步落实了核电设计分工，明确了河北分公司承担的具体任务，为河北分公司在广度和深度上争取承担更多的设计任务，提升核电设计能力，达到相对独立承担核电施工图设计的目标奠定了基础，为河北分公司持续发展增添了动力。

（2）核工程和民用工程设计管理持续提高

河北分公司核工程和民用工程设计管理实行项目负责人责任制。2010年河北分公司共批准任命6人为核工程和民用工程项目负责人，向负责人及各生产单位下达设计任务书18项。

3. 三维设计中心的建设与管理良好运行

经过2010年全年三维设计工作的考验，河北分公司三维设计中心同公司三维中心的Global数据同步的可靠性已得到了充分证明，河北分公司与公司具备了异地协同设计的条件与能力。

河北分公司在京的15名三维设计人员完成了岭澳二期核电项目的支吊架建模工作、物资编码录入、福清核电项目阀门修改完善、RCP系统（一回路系统）主泵电机及泵体图纸升版、模型修改调整、远传阀门三维建模工作以及次托盘和竖直梯架建模等工作；根据核动力院提供的1RX平面图，进行托盘建模和修改，并与管道、通风模型（包括支吊架）进行了碰撞检查及模型修改工作，编制了河北分公司各专业的培训手册15篇。

河北分公司在石家庄的12名三维设计人员进行福清核电项目的模型修改和校对，支吊架建模等工作；建立了福清核电项目的三维模型查询系统，将三维模型修改登记表的信息与图纸归档信息进行关联，方便查询模型修改内容与图纸信息。

4. 保密管理体系逐步完善

河北分公司2010年度主要围绕保密资格审查认证工作和新办公楼入驻保密保障条件建设开展保密工作。河北分公司对公司申请一级保密资格准备工作进行了进一步的细化和分解，制定52项工作内容及进度要求，并按要求逐项落实，为通过认证做好全面准备。

根据河北分公司制定的2010年年底入驻新办公楼的节点目标，并结合公司保密认证工作的实际需求，将新办公楼入驻保密保障条件建设工作分解成保密工作区规划、保密工作区安防、技防的设计和施工、保密专项设备采购和配置等四个阶段。通过努力，顺利实现了保密区年底入驻新办公楼的目标。

5. 信息档案管理取得长足发展

2010年，河北分公司编制《河北分公司域账号管理规定》、《河北分公司信息系统机房管理规定》等规章制度。建立计算机登记台账，对河北分公司各部门计算机、IP地址分配权限及入网许可进行严格管理，对涉密计算机的软硬件安装档案进行收集，对用户权限与硬盘进行统一规范，认真开展信息安全和网络管理工作，确保河北分公司信息安全和网络的顺利运转。完成新办公楼机房工程及配套网络设备的方案设计，购置了广联达、

STAAD. PRO 等专业应用软件，提高了工作效率。

6. 固定资产采购与管理逐步规范

河北分公司发布了《河北分公司固定资产采购管理暂行规定》。对河北分公司实有资产进行重新贴码、盘查，建立了固定资产管理明细台账。加强资产预报废设备的管理，成立河北分公司设备报废技术鉴定小组，明确了报废流程，规范了固定资产管理工作。

7. 安全生产与“三体系”建设得到完善

河北分公司高度重视安全生产和“三体系”建设工作，通过完善制度，加强宣传培训、安全检查等各种方式，确保全年无任何安全隐患事故发生。

按照公司 2010 年的质量、环境和职业健康安全管理方针和目标，河北分公司制定了相应的 2010 年度质量目标和职业健康安全环境目标，并根据公司的总体要求，结合河北分公司具体情况，完成河北分公司管理手册及相关管理程序和 C 层次文件升版（B 版）工作，完成 84 个 C 层次文件（工作程序）编制或升版工作。

积极推进核安全文化建设，组织员工学习贯彻执行公司《核安全文化手册》。强化全员质量意识，广泛开展群众性质量活动，利用网络、张贴宣传画等多种形式进行宣传。积极组织开展“全国质量月”、“2010 年安全生产月”、安全生产大检查等活动。

8. 科技质量管理取得长足进展

2010 年，完成《河北分公司科技规划发展纲要》初稿的编制工作，编制《模块式反应堆技术方案概念设计说明书》及《小堆项目科研子课题实施方案》，有效地促进了 ACP100 模块式反应堆科研（工程）工作的开展。

编制完成了《核电工程设计质量管理实施纲要》A 版并试行，使之成为河北分公司执行核电项目质量保证大纲要求的补充和有效保证。对河北分公司承担的核电设计项目，严格执行公司的质量管理体系和项目质量保证体系。

建立河北分公司质量信息数据库，为更加有效地收集和利用各类质量信息奠定了基础。编制 CNPE－MSW－4180－010－A《设计人员资格管理程序》文件，及时组织并完成了河北分公司 285 名设计人员资格鉴定工作。接受了北京中设认证服务有限公司对工程咨询、工程设计和分公司办公区域的审核，通过了“三标”管理体系认证的第二次监审。2010 年未出现质量事故，成品合格率、合同履约率均达到 100%。核工程和民用工程发出 4 份顾客意见调查表，结果均为满意。

9. 人力资源管理体系日益完善

2010 年，为规范河北分公司人力资源进出管理，起草并发布了《关于员工辞职的（暂行）规定》、《关于毕业生与我公司签订就业协议有关事项的（暂行）规定》。分公司人工成本的预算工作逐步完善，工资总额控制合理有效。

10. 财务管理逐步规范

2010 年是河北分公司实现财务预算管理的第一年，各项财务指标均呈现良好势头。

全年共完成《财务印章管理暂行规定》等 8 个财务制度的起草、发布工作，进一步加强财务制度建设。对岗位职责精细化分工，将预算管理、现金盘点、资金周转、财务数据信息化流程进行精细化设计，实现了资金的严格管控，降低了财务风险。

接受了公司党群工作部的后续审计，通过了地方税务局对河北分公司的两次税务稽查，完成了会计师事务所的财务审计。

11. 河北地区办公楼工作圆满完成

河北地区办公楼工作是河北分公司 2010 年的重点工作之一。公司于 2010 年 10 月 12 日实现了与中铁置业进行的房屋及材料交接。河北分公司成立了河北地区办公楼装修改造领导小组及工作机构，为新办公楼装修改造工作的顺利实施提供了组织制度保障。在各部门领导和员工的倾力支持下，所有参与人员克服工期紧、任务重、经验不足等困难，开展了各项工作的市场调研、招投标和合同谈判工作。及时协调房屋开发商、施工方和物业公司进行房屋交接及物业托管；协调专业设计人员和有经验的现场管理人员成立现场管理办公室与监理公司一起管理控制各施工队伍的现场质量、进度及费用，积极解决施工中的难题；加强与地方各主管部门的沟通联系，推动办公楼装修改造工作的顺利开展。河北分公司于 2011 年 1 月 1 日如期迁入新办公楼，各项工作圆满完成。

（八）党群、工会工作全面开展

2010 年，河北分公司党组织队伍进一步壮大，随着 24 名新员工党员加入河北分公司党总支，河北分公司党员队伍发展到 195 人，占总人数的 54%。

2010 年，河北分公司各级党组织积极开展党群共建工作，成绩显著。河北分公司党总支积极响应公司关于在“创先争优”活动中开展公开承诺活动的号召，组织制定了党组织和党员公开承诺计划进度表，要求围绕河北分公司 2010 年工作重点和员工个人工作编写承诺，内容务求贴近实际、注重实效。活动中，河北分公司党员共发布《公开承诺书》196 份，党组织发布《公开承诺书》6 份，签订率 100%。为确保承诺兑现，河北分公司党总支通过采取抽查等方式，对总支、支部和党员承诺情况进行检查，河北分公司党总支 37 项承诺已兑现 32 项，所属 4 个支部共 106 项承诺现已兑现 90 项，公开承诺活动进展状况良好。通过公开承诺活动，在河北分公司内形成了“我承诺、我努力、我兑现”的良好活动氛围，极大地调动了广大员工的工作责任感和积极性。

2010 年河北分公司纪检监察进展顺利，全年未发生任何违法违纪现象。效能监察立项项目“新办公楼楼板加固项目”顺利完成。通过效能监察工作，本项目实际花费 13 万元，比预期减少了 37 万元，取得了一定的经济效益。

工会活动丰富多彩。2010 年，河北分公司工会成功组织了河北分公司驻石家庄单位第一届职工运动会，第一届足球、篮球、乒乓球、羽毛球联赛等活动。组织单身员工参加“相约春天”大型踏青交友活动。丰富多彩的工会活动充实了职工业余生活，增强了职工凝聚力和企业归属感。

三、上海设计院

（一）2010 年工作总体评价

2010 年上海设计院在公司总部领导的正确领导和统一部署下，认真学习党的十七届四、五中全会精神，深入贯彻落实科学发展观，以开展“创先争优”活动为契机，充分发挥党支部的战斗堡垒作用和共产党员的先锋模范作用，以落实总部年度工作会议精神和上海设计院年度指标为目标，上海设计院员工齐心协力，使上海设计院的经营、生产和各项管理工作步入稳定发展阶段。

（二）组织机构及人力资源状况

上海设计院主要从事工业与民用建筑工程设计业务，具有从业人员 30 人，其中研究员级高级工程师 2 人、高级工程师 5 人、工程师 12 人、拥有国家各类（执业）资格人员 7 人。

上海设计院组织机构如图 7－3 所示。

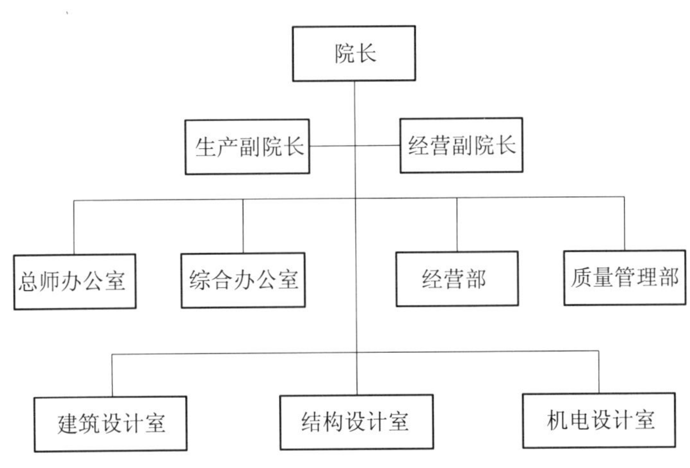

图 7－3　上海设计院组织机构

（三）经营、生产、管理状况

2010 年，上海设计院转变经营策略，调整经营结构，努力开拓市场，在公司总部的平台上，充分利用各种资源，积极开拓核电建筑市场。通过竞争承担了湖南桃花江核电厂厂前区、海南昌江核电厂厂前区、辽宁徐大堡核电厂厂前区培训中心和应急指挥中心等核电建筑设计工作。通过这些核电建筑工程的设计，积累了较丰富的核电厂厂前区设计经验。

在民用建筑方面，拓展经营区域和地域，取得了良好的效果。通过市场竞争，承揽了上海古北新城、上海华师大淮海路校区改造、泰兴市农业银行办公楼等 6 项工程的设计工作，参与了四川广元市百货大楼、泰兴市隆泰福府、山东莱阳威尼斯水城等多项大中型工程投标工作。

在管理方面，创新管理模式，提高管理效率。根据上海设计院规模较小及人员流动性较大的特点，结合上海设计院实际和历史经验，编制和发布了《上海设计院员工管理手册》和《上海设计院技术管理手册》，规范了上海设计院管理制度，理顺了管理关系，简化了管理程序，提高了管理效率。为保证上海设计院的设计产品质量提供了依据和制度保证。

（四）完成的典型工程及概况

1. 湖南桃花江核电厂厂前区设计

湖南桃花江核电厂厂前区设计是上海设计院所承接的第一个核电厂厂前区，涉及 13 个子项，尤其是培训中心、档案馆及消防武警营区的设计专业性较强，上海设计院为了按质按量按时地完成设计工作，多次赴秦山等地调研，与业主专业技术人员多方论证，与主体设计院密切配合，高质量地完成了设计任务，并派专人赴现场服务，得到业主方的好评。同时对厂前区设计工作进行总结和研究，为核电厂厂前区设计积累了一定经验。

2. 上海市华东师范大学淮海路校区改造工程设计

上海华东师范大学淮海路校区位于上海市中心淮海路，该工程地理位置重要，影响力较大，上海设计院集中优势力量，进行多方案比较论证，最终推出最优方案，得到与会专家好评，为提高上海设计院在上海设计市场的知名度作出了重要贡献。

（五）完成的各项经济指标

2010 年完成经营合同额：910. 4 万元；

设计产值：960 万元；

财务收入：900 万元；

以上各项指标较 2009 年度增加了 20% 。

四、深圳设计院

（一）2010 年工作总体评价

2010 年深圳设计院在各方面取得了很大的进步。根据年中制定的《2010 年度工作目标展开表》，各项内容目标均顺利完成。2010 年的经营主业依然是以垃圾焚烧发电为主的环保类设计领域，另外配合其他一些如垃圾填埋、污水处理、污泥焚烧等环保项目的设计和前期工作。2010 年深圳设计院继续树立并扩大了在垃圾焚烧发电厂设计这个细分行业的品牌优势，为公司在环保领域保持了一定的知名度，对于公司以核电为主、多种经营的方针政策也是一个良好的补充。

另外，深圳设计院继续积极把院内各项业务活动如质量管理体系的建设、人力资源管理、员工培训机制及财务管理等纳入到公司统一管理下，深圳设计院的规章制度更加完善，各项业务活动与公司同步并轨。

（二）设计任务完成情况

2010 年深圳设计院完成的设计任务主要有：

（1）广州市李坑生活垃圾焚烧发电二厂的施工设计（规模：日处理垃圾 2 000 吨）。

（2）南海垃圾焚烧发电二厂的施工设计（规模：日处理垃圾 1 500 吨）。

（3）浙江永康垃圾焚烧发电厂的施工设计（规模：日处理垃圾 800 吨）。

（4）黄石市生活垃圾焚烧发电厂的施工设计（规模：日处理垃圾 1 200 吨）。

（5）安溪县城市生活垃圾焚烧发电厂的施工设计（规模：日处理垃圾 600 吨）。

（6）海口市垃圾焚烧发电厂的初步设计和施工设计（规模：日处理垃圾 1 200 吨）。

（7）河北建投沧州垃圾发电项目的初步设计和施工设计（规模：日处理垃圾 800 吨）。

（8）廊坊市城市生活垃圾焚烧发电厂的初步设计和施工设计（规模：日处理垃圾 1 000 吨）。

（9）深圳市宝安区老虎坑污泥处理厂工程的施工设计（规模：日处理污泥粪渣 800 吨）。

另外，还包括一些垃圾填埋场的可行性研究及 2009 年部分项目收尾配合等工作。

由于这些环保垃圾电厂项目相对于一般工业民用项目其特点有所不同，即前期筹备的建设周期较长（一般两年左右），设计过程也不同于后者的先设计后施工，而是普遍采用边设计边施工的方式，设计周期及配合基本贯穿于整个项目的前期筹备和施工过程，因此以上项目基本均属于跨年度设计任务，2010 年这些项目设计完成的工作量为 50% ~90%，2011 年这些项目依然有不少收尾配合工作。

深圳设计院 2010 年超额完成了年初制定的“今年完成七到八项以上垃圾电厂项目设计任务”的目标。这一目标的完成既有国家对于环保产业投资建设的支持这一大背景，也有深圳设计院在垃圾电厂设计领域已抢占先机这一优势，同时也是深圳设计院从领导到员工上下一心努力的结果。从未来我国长期发展的情况看，环保产业包括垃圾电厂的发展依然处于上升阶段，在这一领域的设计任务前景仍然广阔。

（三）经济指标完成情况

深圳设计院经济指标完成情况见表 7 –3。

表 7 –3　深圳设计院经济指标完成情况　　万元

	指标类别	目标值	实际完成
年度重点工作业绩指标	营业收入额	680	660
	利润总额	43	34
	上缴管理费	85	85

（四）深圳设计院的组织机构和管理模式

深圳设计院组织机构如图 7－4 所示。

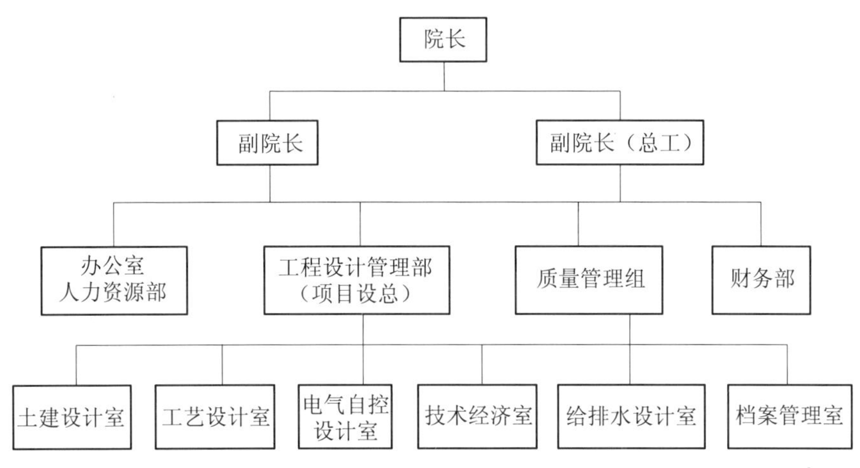

图 7－4 深圳设计院组织机构

自 2008 年深圳设计院随公司改制成立后，确定了以垃圾焚烧发电为主的环保设计领域作为深圳设计院的主营业务，在对外承接业务方面延续以往的市场化自主对外的经营。内部管理方面，深圳设计院领导层由公司任命，受公司分管副总直接领导。同时在质量体系、人力资源、员工培训机制、设计项目归档及财务等方面都纳入到公司统一管理下，深圳设计院的各项规章制度符合总公司的框架制度。

深圳设计院现有人员 67 名，其中 58 名技术在职人员的职称管理纳入公司人力资源部，员工的培训机制也借鉴公司的经验，并形成自己的一套模式，接受定期检查。

质量管理方面，深圳设计院自成立以来一直纳入公司质量管理体系之下，外审机构（每两年一次）及公司质安部（每年一次）定期到深圳设计院进行 ISO 质量体系的检查，均顺利获得通过。

设计项目定期（每月、每季度）向公司商务部、项目管理部汇报并归总，项目完成后的归档最终也交由公司商务部留存。

财务方面，深圳设计院每年向公司上缴一定的管理费（2010 年应缴 85 万元），另外公司财务部每年向深圳设计院下发工资奖金额度，财务遵守公司的规章并定期接受检查。

党政建设方面，在公司党群工作部的指导下，2010 年深圳设计院正式成立了党支部，受公司党委的直接领导，目前支部工作顺利进行，现有 4 名正式党员和 2 名预备党员。

（五）深圳设计院取得的突出成果

2010 年深圳设计院承接的设计任务是近几年中最多的一年，这其中有几项是当地乃至全国的重点环保项目，经过上下一致努力，高质量地完成了大部分的设计工作（剩余部分收尾配合工作留待 2011 年完成）。

（1）广州市李坑生活垃圾焚烧发电二厂（日处理垃圾 2 000 吨）项目，引进了 3 套丹麦伟伦公司 750 吨/天的垃圾焚烧装置，2011 年建成后，将是目前国内最大处理规模的垃圾焚烧发电厂，同时该项目的环保排放指标也是目前国内最严格的，基本达到欧盟标准。

（2）南海垃圾焚烧发电二厂（日处理垃圾 1 500 吨）项目，引进了 3 套日本三菱马丁 500 吨/天的垃圾焚烧装置，由于项目建在当地大学城的旁边，因此其建筑风格的设计是超现代的，同时其环保排放也基本达到欧盟标准。2011 年建成后，该项目不仅是南海地区最大的垃圾处理厂，还将是当地重要标志性的环保教育基地。

（3）深圳市宝安区老虎坑污泥处理厂（日处理污泥粪渣 800 吨）项目，引进的是法国威立雅总包的污泥干化和焚烧装置，由于该项目是深圳设计院第一次承接污泥干化焚烧处理类的设计任务，深圳设计院各专业技术人员在设计过程中克服了不少技术难点，项目建成后将是国内第一个大型污泥干化焚烧处理厂，同时该项目也是深圳设计院进入污泥焚烧设计领域的第一个成功设计实例，为深圳设计院将来进入这个新兴的环保细分设计领域打下了坚实的基础。

五、北京中核东方控制系统工程有限公司

（一）2010 年工作总体评价

中核东方在对 2009 年运营经验总结和管理系统完善的基础上，2010 年

开始从初创期进入创业发展阶段，在生产经营、科研进展、制度完善、人才吸纳等各个方面，都呈现出良好的发展态势，2010 年度中核东方超额完成全年度经营指标。

（二）组织机构设置

中核东方设有公司办公室、人力资源部、财务部、商务合同部、质量保证部、技术工程部、研发部共计 7 个部门（如图 7－5 所示）。

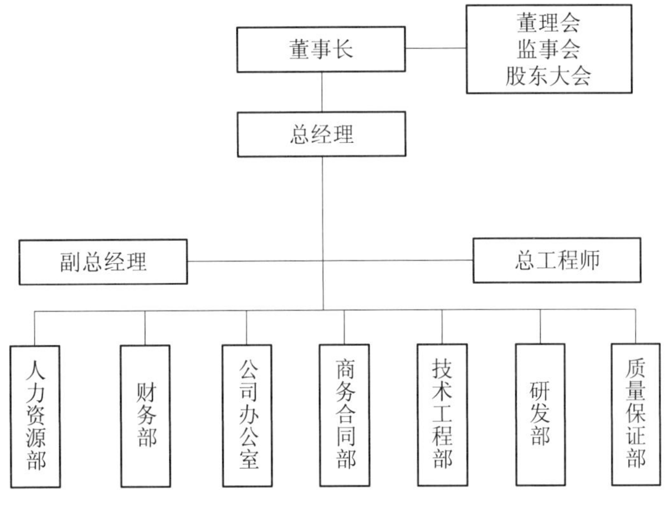

图 7－5 中核东方组织机构

（三）人力资源情况

2010 年中核东方员工总人数为 183 人，其中技术人员占 83%，管理人员占 17%；研究生以上学历人员占 53%，本科以上人员占 95%。中核东方员工平均年龄 29 岁，是一支充满活力，富于创造的团队。

人员的年轻化对培训提出了更高的要求，中核东方在人才培养方面始终坚持学习型企业的方针。在 2010 年度累计培训达到 81 次，培训人次在达 1 280 多人次的基础上，又加大了培训力度和投入，完善了 DCS 实践区等。采取走出去请进来的办法继续提高全员培训的深度和广度，建设一支能够适应核工程需要的队伍。

在人员管理方面完善绩效考核制度，2010 年升版了现有的平衡计分卡与部门 KPI 指标考核内容，使得绩效考核制度和中核东方实际更加接近。

（四）经济指标完成情况

2010 年中核东方主营业务收入目标值 8 000 万元，实际完成 8 232 万元，实现利润总额 388 万元，其中应收账款、主营业务成本、营业税金、财务费用等均完成或达到预算指标。

2010 年中核东方合同总额为 2. 54 亿元。同时中核东方积极开拓集团公司外市场，组织投标中广核集团的 KME（试验仪表系统）、KDO（试验数据采集系统）、KSN（三废处理系统）项目，其中 KSN 项目已经完成所有技术答辩，进入商务报价阶段。

（五）生产任务完成情况

在已签订合同的各项工程项目中，中核东方狠抓工程质量和服务，逐步改变了人们对自主供货质量、进度、价格都难以控制的原有印象。主要生产任务完成情况如下：

1. 福清、方家山核电 DCS 项目执行情况

2010 年中核东方加大在福清、方家山核电 DCS 项目的参与力度，部分工作已经超出合同范围。但为了工程进度和公司队伍的快速成长，公司不计项目成本，加大投入。先后在国内采购、人员数量上都超出合同的约定，提前做好了准备。在设计、集成、测试、V&V 等方面，中核东方都完成或部分超额完成合同约定任务。其中设计团队已经成为合作方 IOM 的主力团队。在 Lot2 主设备到货的前提下，中核东方的工作可以比原计划提前两个月左右，缓解了福清核电项目延误的情况。

2. 海南核电 DCS 项目

2010 年 5 月 20 日中核东方签订了海南核电 DCS 项目（集散控制系统）分包合同。此次项目中中核东方承担的任务艰巨，改变了逐步参与的发展模式，由福清、方家山核电 DCS 项目承担 28. 2% 的工作量猛升为 78. 2%，实现跨越式的发展，这给公司带来巨大的挑战性。经过精心组织，项目的前期

基本由中核东方员工担纲，该项目进展顺利。

3. 核化工项目

中核东方自从进入核化工项目以来，调集精兵强将和配齐各个工种。积极和公司化工所配合，快速理解核化工的设计理念和工艺需求。从质量上和工期上保证了一批项目的顺利、高质完成。为配合化工项目的特殊性，中核东方积极争取保密资质认证，方便全方位沟通。今年的化工项目已经占中核东方业务总量的22%，成为中核东方第三大业务板块。也得到了设计单位和采购部门的高度认可。

4. 核电 BOP 子项

2010 年，BOP 项目占中核东方销售总额的42%，成为中核东方重要业务板块。通过 BOP 项目的执行，一方面锻炼了队伍，使新入职员工体验核工程的流程与规定，为 DCS 团队培养了 50 多人，成为中核东方培养核电人才的重要手段之一；另一方面改善了公司的财务状况，连续两年的年度中期公司财务都是靠着 BOP 项目支撑。

（六）科研情况

2010 年中核东方在研发方面也有重大突破，中核东方自主产权的非安全级 DCS 产品 NicSys1000 完成了全部板卡和操作系统的定型，形成具有以下特点的 DCS 系统：分布式实时数据库、网络在线组态 PMCTM（自主开发的 VBUS 网络传输层协议）、多重冗余网络、节点热备、冗余或者分布式的历史数据库、超大容量数据库和快速数据刷新、故障自诊断等完成定型。同时在此基础上完成了 EPP（安全壳泄漏率监测系统）、KRT（辐射监测系统）、PMC（装卸料机转运装置）等专用软件的开发定型并开始工程应用。

另外，在安全级平台科研方面，确定了技术路线，完成军品和核电安全级平台差异分析，完成 FPGA（现场可编程门阵列）的器件选型调研，与乌克兰的 Radiy 公司建立联络渠道。

（七）管理工作

1. 制度建设

健全核质保的体系文件，编制了核级仪控系统质量保证大纲和 25 个大纲程序，对 37 个通用质量管理程序进行了全部修订，清理和修改全部 138 个表格式样，为早日取得 HAF601 认证创造了条件。

2. 参与行业政策制定和决策

2010 年中核东方作为核电数字化仪控专业供应商，全程参与由国家能源局举办的核电重大专项数字化仪控系统平台开发研讨会，参与核电数字化行业政策的制定和决策。

3. 信息化建设

2010 年办公自动化系统有 92 个工作流程实现电子审批。实现了无纸化办公，节约了办公成本，提高了工作效率。建立跨地域的信息化交流平台，使得分布在各地（包括国外）的团队可以通过网络、视频、电话充分联系。VPN 的建立让外出的员工能够及时处理工作，浏览中核东方内网信息。

4. 基础设施建设

2010 年总租赁 10 000 多平方米生产及办公场地；其中生产场地 8 000 平方米，研发场地 1 000 平方米，办公场地 1 000 平方米左右。其中生产场地完全按照国际生产要求布置，能够满足中核东方生产场地需求。5 月，中核东方开始进行长阳基地建设的前期筹备工作。

六、河南核净洁净技术有限公司

（一）2010 年工作总体评价

2010 年，在公司的亲切关怀和大力支持下，在核净公司董事会正确领导下，核净公司紧紧围绕 2010 年总体目标和工作计划，积极稳妥地开展工作，圆满地完成了各项工作任务。

2010年，核净公司员工关系和谐、融洽，工作开展积极、协调，绩效显著增长，整体处于良性循环、快速发展的阶段。

（二）组织机构设置及人力资源情况

2010年，核净公司下设人力资源部、财务部、行政部、质保部、军核市场部、民品市场部、设计开发部、生产部8个部门，每个部门各设置一名部门经理。组织结构合理，运行良好。

核净公司位于河南郑州市高新技术开发区金梭路23号，占地7 000平方米，厂房1.2万平方米。核净公司共有员工119人，其中正研级高工1人，高级工程师9人，工程师12人，其他技术人员6人；大专以上学历科技人员24人，占职工总人数39%，从事科研项目研发人员15人，占总人数的25%。核净公司技术力量雄厚，队伍年轻，人员结构合理，是一支富有战斗力的队伍。

经过三十多年的发展，核净公司已成为一个多专业、多学科的综合实体，具备相当规模的过滤器及其相关净化设备的科研、开发、检测和生产能力，也是国内唯一一家拥有核级资质和核电供货业绩的过滤器科研、检测和生产单位。核净公司是河南省高新技术企业，中国电子学会洁净技术分会会员单位。

（三）主要经济指标完成情况

2010年，核净公司各项经济指标均超额完成年度计划目标，并与2009年相比有较大提高。核净公司主营业务收入5 155万元，比上年增长46.85%；利润总额1 568万元，比上年增长142%；成本费用比率为70%，人工成本利润率为225%，年销售额超过1亿元，净资产达到4 000多万元。

（四）生产任务完成情况

2010年，核净公司完成过滤器金属壳体20 663台，柴油机房消声器2套，管道式消声器5台，汞吸附器48台；完成过滤器生产31 218台，比2009年增加近36%；生产加工净化设备709台，设备重量达188吨。产品一次检测合格率97.39%，达到指标要求；对生产过程成本进行了监控，提出了改进方案并实施；对过滤器生产率进一步探索，编制了《空气过滤器生产率探索》报告；对波纹压机、缠绕架、插纸机等生产设备进行了改造，大大提高了过滤器生产效率；加强了设备和采购管理，有力地保证了产品的按时交付。

（五）合同签订情况

2010 年，核净公司共签订合同额 10 985 万元，其中军核部签订合同 10 189 万元，民品部签订合同 796 万元，超额完成了销售目标。

（六）科研项目完成情况

2010 年，核净公司按计划节点完成了Ⅲ型碘吸附器、EVR、RRM 空调机组、净化装置及机组泄漏检测系统、5VM 过滤器外壳改进、八一二厂废旧过滤器处理线及核电现场检测服务等科研项目。

完成了“河南省核空气净化工程技术中心”、“超高效 ULPA 过滤器”等国家科研项目的申报，其中“超高效 ULPA 过滤器”项目被批准为“国家 2010 年度科技型中小企业创新基金项目”，获得项目基金 110 万元。

完成了“Ⅲ型碘吸附器布料机构”、“箱式过滤器密封装置袋进袋出新型密封结构”国家实用新型，以及《一种密褶型空气过滤器的滤芯材料及其制作工艺》国家发明专利的申报。

（七）安全生产情况

核净公司严格遵守国家有关职业健康、安全、环保方面的法律法规，严格执行集团公司和公司相关安全环保管理规定。全年无较大及以上生产安全事故发生。

（八）内部控制和风险管理情况

核净公司严格执行公司内部控制和全面风险管理的有关规定，按照《核电工程有限公司子公司 2010 年度目标考核责任书》的要求，加强了内部控制及风险防范和控制，保证了各项工作的顺利进行。

七、北京四达贝克斯工程监理有限公司

（一）2010 年工作总体评价

2010 年，四达贝克斯监理公司年初制定的各项工作目标及管理目标均已按计划完成。目前监理的各工程项目安全、质量均处于受控状态，工程重大节点均得以顺利实现。今年开展的监理项目主要有原子能院、巴基斯坦 C3/4、秦山核电二期扩建项目、福清核电、方家山核电、海南核电、田湾核电、桃花江核电前期、徐大堡核电前期、大连红沿河核电生活设施、八一二厂、八二一厂、二〇二厂、三〇三库、四〇四厂、天津三院等项目。

（二）人力资源情况

截至 2010 年 12 月底，四达贝克斯监理公司共有从业人员 553 人，其中监理岗位在岗职工 413 人，借调公司总部 51 人、派遣人员 67 人，回聘 22 人。2010 年，录用应届毕业生 66 人，社会招聘 17 人，均已派驻工程现场。2010 年，四达贝克斯监理公司与 83 名新入职员工签订了劳动合同，在征求各部门及本人的意见后，与 89 名员工续签了劳动合同，劳动合同签订率为 100% 。2010 年共办理社聘员工档案调入手续及档案不在公司员工调入手续 77 人，办理应届毕业生档案调入手续 61 人。全年共新派驻及调换项目部人员 133 人次，实现了人员的有效流动。2010 年，四达贝克斯监理公司有研高 1 人、高工 4 人、工程师 23 人通过了职称评审。

（三）经济指标完成情况及主要经营活动

2010 年，四达贝克斯监理公司实现年度经营收入 6 111 万元，利润总额 218 万元，超额完成了年初制定的经营收入 5 400 万元、利润总额 215 元的目标。2010 年新签各类监理合同 45 个，合同监理费金额 27 714 万元。截至 12 月 31 日，共有在执行合同 93 个，合同监理费金额 39 080 万元。2010 年四达贝克斯监理公司主要经营活动有：1 月，与核电秦山联营有限公司签订了秦山核电二期扩建项目第二次补充合同，追加监理费 594 万元；2 月，四达贝克斯监理公司与公司签订福清核电、方家山核电项目监理合同，9 月又

正式签署了海南核电项目监理合同；6 月 18 日，巴基斯坦恰希玛核电站 3、4 号机组建安工程监理合同签字仪式在石家庄举行；2010 年度四达贝克斯监理公司董事长和总经理还专程走访浙江三门核电公司，表达了希望介入 AP1000 核电建设的意愿，并与三门核电公司先后进行了两次深入的交流。

（四）经营、生产、管理状况

2010 年，四达贝克斯监理公司“三体系”运转正常有效，质安部分别对四达贝克斯监理公司的决策层、职能部门、项监部、分公司等共计 16 个部门进行了综合管理体系内审工作。内审过程中，四达贝克斯监理公司与 8 个项监部所服务的业主进行了面对面沟通，征求业主对监理服务的意见和发放了《顾客意见征集/反馈单》，并全部得到了回复，未出现不满意项。在 2010 年 2 月召开的管理评审会议上决定的 3 项改进事项均已关闭。11 月，四达贝克斯监理公司顺利通过了北京中设认证服务有限公司的二监审核。

2010 年四达贝克斯监理公司发布了《公司总部职能部门职责》，为各职能部门的工作开展提供了有效依据。通过一年多的持续努力，四达贝克斯监理公司共发布各类管理制度 50 余项，涵盖了人力、财务、技术、质量安全、奖励、工会活动、党务等各个方面，各项主要管理活动都做到了有据可依，管理制度体系初步建立。

2010 年，四达贝克斯监理公司财务部配合中介审计机构完成了 2009 年度财务决算和企业所得税的审计工作。还组织各部门完成了 2010 年预算编制工作。3 月，完成了住房公积金账户分立工作，四达贝克斯监理公司已开始以自己的名义独立缴纳住房公积金。

2010 年四达贝克斯监理公司共采购各类设备 232 台（套）。

2010 年 11 月 28 日至 12 月 4 日，由中核核电公司统一组织对四达贝克斯监理公司进行了监理专项评估。

为提高四达贝克斯监理公司整体技术管理水平，减少质量问题的重复发生，2010 年 9 月启动了监理标准化工作，截至 10 月共完成了主管道、蒸汽发生器、压力容器 3 个专项的标准化模块。

四达贝克斯监理公司充分发挥工程技术部、质安部的管理职能，加强对各核电项监部的检查指导，组织了各核电项监部间的交流合作，即建立总监经验交流制度，并在全公司推广部分监理部的良好管理方法。2010 年 9 月，公司开始筹划推行监理工作量化制度，并于 10 月 9 日开始试行。为重视培训和激励，提高人员整体素质，四达贝克斯监理公司出台了《专项奖励管理规定》，定期组织技术总结和论文评比，2010 年，各部门共提交 QC 成果 22 项，收到新毕业大学生员工论文或总结 62 篇，老员工论文或总结 114 篇。

公司重视基层党组织建设，2010 年，四达贝克斯监理公司先后成立了福清党支部和海南党支部，方便了党员管理，增进了党员与公司的沟通与联系。截至 2010 年 12 底，四达贝克斯监理公司党总支下设总部、郑州、秦山、福清和海南 5 个党支部，共有党员 104 名。

2010 年 2 月初，四达贝克斯监理公司以及两个分公司先后成立了自己的工会组织，公司工会负责对两个分公司工会进行管理，两个分公司工会根据属地化管理的原则，分别接受河北省国防工业工会和郑州市教科文体卫系统工会的领导。

附录一 大 事 记

2009年年底至2010年1月15日，公司专家委员会（核电）的专家们审阅了AP1000技术消化吸收成果报告，和项目管理部联合组织并完成了AP1000设计技术消化吸收答辩活动，AP1000自主化设计正式启动。

2010年1月15日，召开公司设备国产化汇报会，采购部就公司承担的福清、方家山、海南等核电项目国产化设备的制造情况和后续项目设备国产化进展情况，向国家能源局和中国机械工业联合会作了专题汇报。会议还就国产化发展的方向进行了广泛的交流和讨论。

2010年1月16日，公司召开战略规划与多项目管理研讨会，就公司中长期战略规划的制定，公司多项目管理、多项目采购、核电总承包项目费用控制的进一步规范，公司年度工作报告和年度财务工作报告的进一步修改完善等问题展开集中深入的讨论。

2010年1月21日，由郑州分公司与中核建中核燃料元件有限公司共同承担的“十一五”核能开发技术“200吨铀/年规模干法工艺研究及装置研制”项目中的关键设备——GFX—200转炉，经分公司科研项目组历时两年的研制，成功通过源地预验收，标志着该项目研究取得关键性突破。

2010年1月21—22日，军工核设施核安全监管工作会议在北京召开。公司国防科技工业专用核设施核安全审评中心的审评项目“J01项目工程最终安全分析报告的审评”获得了“2008—2009年度核安全优秀项目”称号；郑俊铭主任因工作表现突出，获得2008—2009年度的核安全先进个人。

2010年1月27日，公司2010年年度工作会议在京召开。会议对公司2009年的工作进行了全面总结并对2010年的重点工作目标和工作计划进行了部署。

2010年1月28日，公司召开第一次党员代表大会。本次大会全面总结了公司临时党委和临时纪委近两年来的工作，提出了今后三年公司党的建设的主要工作任务。

2010 年 1 月 30 日，集团公司党组书记、总经理孙勤亲临方家山核电项目现场视察并慰问广大员工。

2010 年 2 月 11 日，由国家能源局组织的《大型先进压水堆及高温气冷堆核电站》国家重大专项任务合同书签字仪式在北京举行。李晓明总经理代表公司与国家能源局签订了大型核燃料后处理重大专项科研任务合同书，这标志着国家核燃料后处理重大专项工作正式全面启动。

2010 年 2 月 28 日，公司获得了高新技术企业资格证书，从而能够享受高新技术企业给公司带来的各种优惠政策。

2010 年 3 月 8 日，方家山核电项目 1 号常规岛（1MX）筏基的最后一个区块—3 号块混凝土浇注完成，标志着 1MX 筏基底板这一重大节点的完成及 1MX 厂房全面进入主体结构施工阶段。

2010 年 3 月 22 日，公司副总经理邢继与 Scandpower 公司副总裁 Grynblat 先生在公司北京总部共同签订了 PSA 软件和应用服务合作框架协议，这标志着公司在 PSA 技术应用服务的国际合作上迈出了重要一步。

2010 年 3 月 24 日，由公司和中核苏阀科技股份有限公司联合开发的压水堆核电站核二级阀门样机通过了由集团公司科技部主持的验收会，填补了我国在这一领域的空白，为实现全部核级阀门国产化打下了坚实的基础。

2010 年 3 月 23—26 日，公司参展以“绿色核能，低碳未来”为主题的第十一届中国国际核工业展览会，通过多种形式将公司的主要业务领域及公司在各方面的能力和实力进行了宣传和展示。

2010 年 4 月初，郑州分公司工会被郑州市总工会授予“2009 年度郑州市‘六好’基层工会”荣誉称号，被河南省国防邮电工会授予“2009 年度工会工作先进单位”荣誉称号。

2010 年 4 月 9 日，公司与哈尔滨工程大学签订《合作框架协议》，将进一步深化校企合作，推动高新技术产业化，共同致力于中国核工业事业发展。

2010 年 4 月 12 日，集团公司巡视组到公司检查指导工作，启动开展为期 3 个月的巡视工作。当天下午，公司召开巡视工作动员视频会，确保巡视工作顺利进行。

2010 年 4 月 13 日，集团公司副总经理余剑锋在唐景宇副总经理的陪同下，对福清核电项目现场进行安全检查。

2010 年 4 月 21 日，由公司承担总体工程设计和核岛总包设计的岭澳核电项目 3 号机组实现首次装料成功，提前 9 天完成该一级里程碑，标志着我国自主设计、自主制造、自主建设的首座百万千瓦级压水堆核电站正式进入带核运行阶段。

2010 年 4 月 25 日，海南核电项目开工仪式隆重举行。国家发改委副主任、国家能源局局长张国宝，国家能源局副局长钱智民，海南省省委书记、省人大常委会主任卫留成，海南省省委副书记、省长罗保铭，集团公司总经理孙勤，集团公司副总经理杨长利出席开工仪式。

五四前夕，公司系布所总体布置室副主任刘伟同志荣获中央企业团工委授予的“2009 年度中央企业青年岗位能手”称号。

2010 年 4 月 28 日，由公司承担工程设计的中核北方核燃料元件有限公司压水堆核电站燃料元件生产线，分别获得国家环保部核安全局与法国 AREVA 公司颁发的生产线投浓料生产许可证书和生产线合格性鉴定证书。

2010 年 4 月 29—30 日，在北京组织召开了国产化二代改进型核电机组重大改进项同行专家审评会。

2010 年 4 月 30 日，公司在京召开股东会第四次会议、第一届董事会第五次会议、第一届监事会第五次会议，余剑锋董事长出席并主持会议。

2010 年 5 月 4 日，公司团委以“传承五四精神，展现青春风采”为主题，组织举办“炫动青春 · 激情飞扬”五四青年节主题拓展活动。

2010 年 5 月 12 日，公司保密委员会 2010 年度第一次会议在京召开。

2010 年 5 月 13 日，公司召开了“总承包项目安全生产大检查情况总结电视电话交流会”，会议对 4 月份 6 个总承包项目现场安全生产大检查的情况做了全面总结，对总包项目存在的共性问题归并成 TOP10 并提出整改措施建议。

2010 年 5 月 13 日，由公司分包设计的中国先进研究堆实现首次临界。

2010 年 5 月 27 日，秦山三期首批钴调节棒更换出堆工作顺利完成，由公司自主设计的钴调节棒转运容器首次运用并获得成功。

2010 年 5 月 28 日，中核集团 AP1000 核电站燃料元件生产线可行性研究方案讨论会在郑州分公司召开，国家核电技术公司副总经理吕华祥莅临指导。

2010 年 5 月 28 日，福清核电项目现场举行 1、2 号机组核岛安装工程开工仪式，标志着 1、2 号机组核岛安装工程由前期准备和车间预制阶段正式转入现场安装阶段。

2010 年 6 月 1 日，方家山核电项目现场举行秦山核电厂扩建项目核岛安装工程开工仪式，标志着方家山核电项目的建设重点逐渐由土建转向安装。

2010 年 5 月 31 日—6 月 1 日，国家能源局核电重大专项工作检查组对公司承担的后处理科技重大专项科研工作进行全面检查。

2010 年 6 月 3—12 日，公司开展内部审核/监察活动，对总部各部门、各核工程项目发现的问题共发出 32 份纠正行动要求。

2010 年 6 月 4 日，国务院研究室唐元司长一行，到公司就我国核电及相关产业的改革和发展情况进行专题调研。

2010 年 6 月 8 日，国家核安全局刘华司长在公司范仲副总经理的陪同下，考察了公司位于大连市的核容器试验场。

2010 年 6 月 10 日，公司与中核四川环保工程有限责任公司在京签订“玻璃固化工程总承包合同”。集团公司总经理助理、公司总经理李晓明出席仪式并讲话。

2010 年 6 月 12—13 日，由公司参与研制的国内首台百万千瓦级压水堆核电站辅助给水汽动泵样机，顺利通过国家能源局、中国机械工业联合会的鉴定。

2010 年 6 月 18 日，公司与中国中原对外工程有限公司签订《巴基斯坦恰希玛 C3/C4 核电工程监理合同》，集团公司总经理助理、公司总经理李晓明出席签字仪式并讲话。

2010 年 6 月 24 日，公司举行新党员入党宣誓仪式，19 名新党员在中国人民抗日战争纪念馆参加宣誓仪式。

2010 年 6 月 25 日，公司与中国核工业第二二建设有限公司在海南核电项目现场签订《海南昌江核电工程 1、2 号机组土建工程施工合同》。集团公司总经理助理、公司总经理李晓明出席签字仪式并讲话。

2010 年 7 月 1 日，公司召开 2009 年度科技创新先进单位表彰会，设备所、系布所、郑州分公司分别获得 2009 年度科技创新先进单位一、二、三等奖，化工所获特别贡献奖。

2010 年 7 月 1—2 日，主管道窄间隙 TIG 自动焊焊缝超声波检验技术顺利通过专家评审。

2010 年 7 月 6 日，“中国勘察设计协会第五届会员代表大会、全国优秀工程勘察设计奖颁奖大会”在京举行，公司总经理李晓明当选为中国勘察设计协会第五届理事会副理事长；公司“秦山二期核电核岛和核岛 BOP 工程”荣获全国优秀工程勘察设计银奖。

2010 年 7 月 6 日，公司第三届足球友谊赛暨“核能经济杯”足球赛正式开幕。

2010 年 7 月 7 日，公司组织对管理部门进行 2010 年度管理评审。

2010 年 7 月 7 日，中核河北抚宁核项目初步可行性研究报告通过专家评审。

2010 年 7 月 8—9 日，“第二届核电工程建设经验交流会”在深圳召开，集团公司总经理助理、公司总经理李晓明代表中核集团发言。

2010 年 7 月 8—9 日，田湾核电 5、6 号机组扩建项目核岛负挖基槽通过国家核安全局验收，标志着 5、6 号机组核岛进入土建工程施工准备阶段。

2010 年 7 月 10 日，公司与中核江西核电公司筹建处签订“中核江西烟家山核电项目可研阶段工程总承包合同”。

2010 年 7 月 13 日，由郑州分公司承担完成的“AP1000 核电站燃料元件生产线”与“中核北方核燃料元件有限公司压水堆核燃料元件生产线扩建工程”两个项目建议书通过国防科工局评审。

2010 年 7 月 14 日，集团公司调试工作领导小组第一次会议在公司召开。

2010 年 7 月 15 日，公司总部举办了首次核能大厦消防疏散演习。

2010 年 7 月 21 日，公司总部 2010 年新员工入职培训班开班典礼隆重举行，总经理李晓明、党委书记兼副总经理杨朝东分别发表致辞。

2010 年 7 月，根据中国核工业勘察设计协会《关于公布 2010 年度核工业部级优秀工程咨询成果奖获奖项目的通知》，公司组织申报的海南核电项目三项咨询成果，获部级一等奖 1 项，二等奖 2 项。

2010 年 7 月 26 日，集团公司总经理助理兼公司总经理李晓明主持会议，专题传达集团公司年中党组扩大会议精神，并对公司学习、贯彻会议精神进行了具体的安排部署。

2010 年 7 月 26 日，公司组织召开“创先争优”活动动员部署大会。

2010 年 7 月 28 日，公司组织召开 2010 年度上半年风险管理工作会议。

2010 年 7 月 30 日—8 月 26 日，集团公司党组成员、副总经理吕华祥先后到方家山、田湾、福清、海南、桃花江核电项目现场调研并检查指导工作。

2010 年 8 月 1 日，秦山核电二期扩建项目 3 号机组实现并网发电。

2010 年 8 月 2—4 日，“中比 MOX 燃料技术合作技术交流会”在郑州举行。

2010 年 8 月 4 日，公司举办中层及以上领导安全文化专场培训。

2010 年 8 月 5 日，集团公司党组成员、副总经理吕华祥到公司及中核东方检查指导工作。

2010 年 8 月 10 日，公司召开“小金库”专项治理工作暨落实“三重一大”决策制度电视电话会议。

2010 年 8 月 11—13 日，公司顺利通过北京中设认证服务有限公司 2010 年度监督审核。

2010 年 8 月 18 日，福清核电项目 1 号机组提前合同计划 81 天实现穹顶吊装，标志着福清核电项目 1 号机组的重点建设由土建阶段转向安装阶段。

2010 年 8 月 20—21 日，中核四川川东核电厂初步可行性研究报告和中核四川川南核电厂初步可行性研究报告通过专家审查。

2010 年 8 月 30 日，公司成功举办题为“你的起点，我们的未来”的 2010 年度迎新晚会。

2010 年 9 月，公司邢继同志荣获中国核工业集团公司授予的“钱三强科技奖”荣誉称号。

2010 年 9 月 13 日，集团公司党组成员、副总经理邱建刚来公司调研并检查指导核电前期工作。

2010 年 9 月 19 日，公司排演的情景现代舞《激情中核人》参加中核集团“庆祝核工业创建 55 周年文艺演出”活动。

2010 年 9 月 25—29 日，集团公司对公司总部进行了质量监督。

2010 年 9 月 28 日，方家山核电项目 1 号机组反应堆厂房提前合同计划 79 天实现穹顶吊装，标志着 1 号机组从土建施工阶段全面进入安装阶段。

2010 年 10 月 12 日，公司和中国原子能工业有限公司与 IRSN 在京签订技术服务合作框架协议。

2010 年 10 月 19—21 日，公司参加由中国核能行业协会主办的核电厂调试启动研讨会，并做题为《中核调试管理与组织运作模式介绍》的主题报告。

2010 年 10 月 22 日，公司组织召开了创先争优研讨会，集团公司党组成员、副总经理吕华祥，集团公司总经理助理兼核电部主任陈桦，集团公司总经理助理兼公司总经理李晓明出席会议。

2010 年 10 月 23 日，公司在京召开第二届职工运动会。

2010 年 10 月 26 日，公司召开 2010 年第三季度生产调度视频会。

2010 年 10 月 30 日，公司在福清核电项目现场召开了“2010 年工程总承包现场工程管理经验交流会”。

2010 年 11 月，公司荣获“‘十一五’期间工程勘察设计行业实施信息化建设先进单位”奖。

2010 年 11 月 1 日，召开效能监察知识培训会，各分公司、工程现场通过视频系统参会。此次培训特邀请集团公司党组纪检组副组长、监察部主任孙化普讲授“企业效能监察新概念及实务要点”。

2010 年 11 月 1 日，海南核电项目关企合作备忘录签字仪式在海口举行。公司与海口海关、海南核电有限公司、中国原子能工业有限公司签订了《海南昌江核电项目关企合作备忘录》。

2010 年 11 月 4 日，公司涉密局域网顺利通过国家保密局涉密信息系统安全保密测评中心系统测评分中心专家测评，为尽快取得《涉及国家秘密的信息系统使用许可证》，尽早全面启动一级保密资格申请工作奠定了较好基础。

2010 年 11 月 7—8 日，秦山核电扩建项目 2010 年第二次总经理/院长协调会在云南召开，集团公司总经理助理兼公司总经理李晓明，公司副总经理刘巍、姜宏，方家山核电项目相关人员参加了会议。

2010 年 11 月 13 日，我国首个综合性核科技园——中核北京科技园区的奠基仪式在北京市房山区举行。

2010 年 11 月 15 日，公司第二届篮球联赛暨“核采杯”篮球赛正式开幕。

2010 年 11 月 16 日，公司召开“2010 年预算执行情况及 2011 年预算工作布置视频会议”。

2010 年 11 月 17 日，公司召开“创先争优”活动党总支、支部工作经验交流视频会议。

2010 年 11 月 19 日，公司召开 GY—40 和 GY—20 型大容量钴 - 60 运输容器研制——辐照后钴调节棒组件厂内转运容器研制科技成果鉴定会。

2010 年 11 月 21—23 日，集团公司副总经理余剑锋、总经理助理兼公司总经理李晓明率安全检查专家组，到海南核电项目检查指导安全生产工作。

2010 年 11 月 21 日，海南省能源建设一号工程、第一座建立在少数民族地区的核电站——海南核电项目 2 号机组正式开工，标志着海南核电项目首期工程全面开工建设。

2010 年 11 月 23 日，公司召开党群共建“创先争优”动员部署视频会议，总部、各现场、分公司的总支、支部书记，公司团委委员、党团支部书记，各基层单位工会主席、分工会主席、各级工会的女工委员会主任近 60 人参加。

2010 年 11 月 28 日，公司举行调试中心暨福清核电项目 1、2 号、方家山核电项目联合调试队成立仪式。

2010 年 11 月 29—30 日，公司组织召开了第二届总包工程现场质量、安全及环境管理交流研讨会。

2010 年 12 月 1 日，公司 2009—2010 年度团委表彰大会在科技楼报告厅召开，公司团委对“五四”优秀团员、优秀团干部、先进团支部以及青年优秀论文获奖者进行了表彰。

2010 年 12 月 6 日，集团公司党组成员、纪检组组长李学东带队到公司检查指导安全环保工作。

2010 年 12 月 9—10 日，公司自主研发的 CNFC—3G 型新燃料运输容器成功通过了试验容器的 9 m 跌落试验和 1 m 贯穿试验，标志着公司具有完全自主知识产权的 CNFC—3G 型新燃料运输容器的研制成功。

2010 年 12 月 9—11 日，公司人力资源工作会在石家庄举办并取得圆满成功。

2010 年 12 月 10 日，公司召开了 2010 年效能监察工作视频会议。

2010 年 12 月 14 日，公司与湖南桃花江核电有限公司在京签订《湖南桃花江核电工程 1、2 号机组工程总承包框架协议》。

2010 年 12 月 15 日，公司风险管理委员会召开了 2010 年度风险管理工作总结会议。

2010 年 12 月 20 日，郑州分公司承担的“军核材料核设施实物保护系统分析评价技术”、“实物保护人员通道控制装置”两项研究成果，通过“国防科学技术成果”鉴定。

2010 年 12 月 21 日，由公司自主设计的我国第一座动力堆乏燃料后处理中间试验工厂——中核四〇四中试工程热调试厂取得圆满成功。

2010 年 12 月 30 日，公司在京召开股东会第五次会议、第一届董事会第六、第七次会议和第一届监事会第六次会议，集团公司副总经理吕华祥、集团公司副总经理兼公司董事长余剑锋、集团公司总经理助理兼公司总经理李晓明出席，会议选举吕华祥为公司新任董事长。

2010 年 12 月 31 日，福清核电项目 3 号机组成功实现 FCD 零点。

附录二　荣　誉　栏

一、省部级先进集体及个人

邢继同志荣获中国核工业集团公司授予的“钱三强科技奖”荣誉称号。

邢继同志被任命为中国核工业集团公司重点科技专项 ACP600、ACP1000 总设计师。

邢继、范仲同志被任命为中国核工业集团公司首席专家。

王长东同志荣获中国核工业集团公司授予的“新时期弘扬核工业精神先进个人”荣誉称号。

谢亮同志被任命为中国核工业集团公司重点科技专项运输容器总设计师。

陈建民同志荣获国务院国有资产监督管理委员会授予的“中央企业先进个人”荣誉称号。

曲晓宇同志被河南省教科文卫体工会授予“职业道德建设先进个人”荣誉称号。

郑州分公司工会被河南省国防工会授予“工会工作先进单位”荣誉称号；授予陈力得“职工之友”荣誉称号；授予喻世平“优秀工会工作者”荣誉称号。

方家山核电项目部被中国核工业集团公司党组授予“2010 年度中国核工业集团公司突出贡献奖”荣誉称号。

河北分公司保密办公室王肖同志获得集团公司“2009—2010 年度保密工作先进个人”荣誉称号。

河北分公司核电工艺所杨勇同志荣获 2010 年度河北省国防科技工业系统劳动模范。

河北分公司电气自动化所孔敏娜同志荣获河北省国防系统 2010 年度

“女职工建功立业标兵”荣誉称号。

河北分公司电气自动化电气通信室荣获河北省国防系统 2010 年度“女职工建功立业标兵岗”荣誉称号。

核净公司张秀荣同志被授予国防科工委、高新区统计工作先进工作者荣誉称号。

四达贝克期监理公司荣获中国建设监理协会颁发的全国“先进工程监理企业”称号。

二、省部级勘察设计奖项

公司荣获“‘十一五’期间工程勘察设计行业实施信息化建设先进单位奖”。

科技成果奖：2010 年度，公司获得科学技术奖共 15 项，其中，国防科技进步奖 4 项，一等奖 1 项，二等奖 1 项，三等奖 2 项；集团公司科技进步奖 6 项，一等奖 1 项，二等奖 5 项；核能行业协会科技进步奖 3 项，二等奖 1 项，三等奖 2 项；国家级能源科技进步一等奖 1 项；工商联合会科技进步二等奖 1 项。国防科技工业企业管理创新奖 2 项，二等奖 1 项，三等奖 1 项。QC 小组奖：公司获全国优秀 QC 小组奖 1 项，获部级优秀 QC 小组一等奖 3 项，二等奖 4 项。核工业勘察设计优秀 QC 小组成果奖 3 项。优秀咨询成果奖 3 项。

（一）优秀咨询成果奖

优秀咨询成果奖列于附表 2－1。

附表 2－1

序号	项　目	奖　项	获奖单位或人员
1	重水堆核电燃料元件制造的技术创新及国产化	国防科技进步一等奖	郑州分公司
2	^{252}Cf 中子活化核燃料棒^{235}U 富集度及其均匀性检测系统研制	国防科技进步二等奖	郑州分公司
3	通用计算优化方法研究与工程应用	国防科技进步三等奖	系布所

续表

序号	项 目	奖 项	获奖单位或人员
4	管道支吊架高效率分析方法研究与工程应用	国防科技进步三等奖	系布所
5	田湾核电站海水取排水工程创新设计及应用	中核集团科技一等奖	欧阳予、张宝钢、武红兵、金宏
6	××型核潜艇反应堆核燃料元件制造及技术创新	中核集团科技二等奖	郑州分公司
7	非接触式测量仪表研制	中核集团科技二等奖	化工所
8	放射性流体输送设备研究	中核集团科技二等奖	化工所
9	冷铀体系下新型大流比混合澄清槽实验研究	中核集团科技二等奖	化工所
10	VVER 核燃料组件高精度智能化转运装置研制	中核集团科技二等奖	郑州分公司
11	百万千瓦级压水堆核电站混凝土蜗壳海水循环泵	工商联合会科技进步二等奖	建筑所
12	百万千瓦级压水堆核电站 HSD150—80 型上充泵	核能行业协会科技奖二等奖	系布所
13	百万千瓦级压水堆核电站核二级阀门样机研制	核能行业协会科技奖三等奖	系布所
14	核电厂用 YHD 型 1E 级（K1K3 类）系列电动机研制	核能行业协会科技奖三等奖	建筑所
15	百万千瓦级核电站泵阀国产化	国家级能源科技进步一等奖	系布所
16	中国核电工程有限公司核级泵阀国产化开发探索	国防科工局军工企业管理创新成果评选二等奖	科技部、商务部 陈学营、于勇、王晓江、吕冬宝、苏罡、李大波、李军、王宏杰、王滨、张瑞萍

续表

序号	项　目	奖　项	获奖单位或人员
17	放射性物质运输容器科研－试验－产品一体化开放管理创新模	国防科工局军工企业 管理创新成果评选三等奖	商务部 李晓明、杨宇、王庆、范仲、吴明、谢亮、唐兴贵、毛亚蔚、元一单、张双旺
18	海南昌江核电厂环境影响报告书（选址阶段）	核工业部级优秀咨询成果一等奖 全国优秀工程咨询成果二等奖	
19	海南昌江核电厂可行性研究报告	核工业部级优秀咨询成果二等奖	
20	海南昌江核电厂厂址安全分析报告	核工业部级优秀咨询成果二等奖	

（二）QC小组获奖情况

QC小组获奖情况列于附表2－2。

附表2－2

序号	QC小组名称	获奖等级	获奖单位
1	核燃料棒^{235}U富集度检测QC小组 （提高核燃料棒^{235}U富集度检查设备的置信度）	核工业勘察设计协会一等奖	郑州分公司
2	双盖门密封试验QC小组 （提高热室用双盖门的密封性能）	中核集团公司一等奖 全国优秀QC小组奖	化工所
3	标准资料管理QC小组 （提高标准资料的作废标识率）	中核集团公司二等奖	郑州分公司
4	给排水QC小组 （降低钴棒池水冷却、净化系统的运行费用）	核工业勘察设计协会一等奖	河北分公司
5	结构QC小组 （降低核岛厂房配筋图设计错误率）	核工业勘察设计协会二等奖	河北分公司

续表

序号	QC 小组名称	获奖等级	获奖单位
6	电气自动化 QC 小组 (降低电缆主托盘设计图面错误率)	中核集团公司二等奖	河北分公司
7	建筑 QC 小组 (提高废物库屋面防水的安全性和经济性	核工业勘察设计协会二等奖	河北分公司

(三) QC 小组成果奖

QC 小组成果奖列于附表 2 -3。

附表 2 -3

序号	获奖项目	获奖等级	获奖单位
1	提高钢衬里制安质量	核工业勘察设计优秀 QC 小组成果一等奖	四达贝克斯监理公司方家山项监部
2	提高堆内构件安装精度的控制方法	核工业勘察设计优秀 QC 小组成果二等奖	四达贝克斯监理公司秦山分部
3	提高核反应堆主管道焊接质量的控制方法	核工业勘察设计优秀 QC 小组成果三等奖	四达贝克斯监理公司秦山分部

三、公司级先进集体和个人

(一) 优秀干部名单

优秀干部名单列于附表 2 -4。

附表 2 -4

序号	单 位	部 门	姓名	职 务	绩效等级
1	北京总部	总经办	王秋林	主任	优秀
2	北京总部	总经办	张兆盛	副主任兼安全保密部主任	优秀
3	北京总部	总工办	欧阳立华	公司副总工程师兼总工办主任	优秀

续表

序号	单　位	部　门	姓名	职　务	绩效等级
4	北京总部	总工办	王长东	公司副总工程师兼项目部设总设计师	优秀
5	北京总部	项目管理部	丁　健	主任	优秀
6	北京总部	项目管理部	霍建明	副主任	优秀
7	北京总部	项目管理部	杨子春	副主任	优秀
8	北京总部	财会部	王锦华	主任	优秀
9	北京总部	质安部	李正华	主任	优秀
10	北京总部	质安部	万露霞	副主任	优秀
11	北京总部	采购部	李　明	副主任	优秀
12	北京总部	堆工所	毛亚蔚	副所长	优秀
13	北京总部	总体所	信天民	所长	优秀
14	北京总部	总体所	赵　侠	公司副总工程师兼总体所总工程师	优秀
15	北京总部	总体所	赵　博	副所长	优秀
16	北京总部	总体所	唐　涛	所副总工程师	优秀
17	北京总部	总图所	王旭宏	副所长	优秀
18	北京总部	设备所	金　青	副所长	优秀
19	北京总部	设备所	谢　亮	所副总工程师	优秀
20	北京总部	建筑所	李玉民	副所长	优秀
21	北京总部	系布所	于　勇	所长	优秀
22	北京总部	系布所	王晓江	副所长	优秀
23	北京总部	建筑所	张超琦	公司副总工程师兼建筑所所长、所总工程师	优秀
24	北京总部	工程经济所	杨利荣	副所长	优秀
25	北京总部	工程经济所	张　弘	所总工程师	优秀
26	北京总部	工程经济所	张胜利	所长	优秀
27	河北分公司	河北分公司	王勇跃	总经理	优秀
28	河北分公司	河北分公司	牟　疆	副总经理	优秀
29	方家山核电项目部	方家山核电项目部	李现军	现场部副总经理兼施工部经理	优秀

续表

序号	单 位	部 门	姓名	职 务	绩效等级
30	方家山核电项目部	方家山核电项目部	陈建民	总经理	优秀
31	方家山核电项目部	方家山核电项目部	才 峙	现场部副总经理	优秀
32	海南核电项目部	海南核电项目部	金明军	总经理	优秀
33	方家山核电项目部	秦山地区党支部	刘战勇	党支部书记	优秀
34	四达贝克斯监理公司	四达贝克斯监理公司	郭润芳	副总经理	优秀
35	核净公司	核净公司	邹 涤	总经理	优秀
36	北京总部	建筑工作室	朱大忠	公司副总工程师兼建筑工作室主任、建筑工作室总建筑师	优秀
37	北京总部	建筑工作室	刘永鹏	副主任	优秀
38	北京总部	建筑工作室	刘 晨	室总工程师	优秀
39	河北分公司	电气自动化所	康 乐	所长	优秀
40	河北分公司	设计管理部	王献庭	主任	优秀
41	河北分公司	建筑结构所	陈庆国	副所长（主持工作）	优秀
42	河北分公司	建筑结构所	刘建辉	副所长	优秀
43	河北分公司	核电工艺所	李舒平	副所长	优秀
44	郑州分公司	人力资源部	王雪芹	主任	优秀
45	郑州分公司	综合办公室	黄渝飞	主任	优秀
46	郑州分公司	核电工艺设计所	李芳林	所长	优秀
47	郑州分公司	技术质量部	李 磊	主任	优秀
48	郑州分公司	民用建筑设计研究所	李志刚	所长	优秀
49	郑州分公司	核工程研究设计所	薛海宁	所长	优秀
50	郑州分公司	综合办公室	杜长荣	副主任	优秀
51	郑州分公司	人力资源部	武文斌	副主任	优秀
52	郑州分公司	民用建筑设计研究所	王向东	副所长	优秀
53	郑州分公司	电气仪控设计所	王德军	副所长/总工程师	优秀
54	郑州分公司	电气仪控设计所	伍四清	副所长/实保所所长	优秀
55	郑州分公司	核工程研究设计所	尚改彬	总工程师	优秀
56	郑州分公司	核工程研究设计所	孙瑞平	副所长	优秀

（二）优秀员工名单

优秀员工名单列于附表 2－5。

附表 2－5

序号	单　位	部　门	姓名	绩效等级
1	北京总部	总经办	高宏雷	优秀
2	北京总部	总经办	徐　娟	优秀
3	北京总部	总工办	郭　欣	优秀
4	北京总部	科技部	苏　罡	优秀
5	北京总部	党群工作部	崔一兰	优秀
6	北京总部	人力资源部	雷　浩	优秀
7	北京总部	财会部	田永芹	优秀
8	北京总部	财会部	尤长宝	优秀
9	北京总部	质安部	申东望	优秀
10	北京总部	质安部	李淑娟	优秀
11	北京总部	质安部	张志力	优秀
12	北京总部	质安部	路双立	优秀
13	北京总部	质安部	周文辉	优秀
14	北京总部	信息中心	常俊杰	优秀
15	北京总部	商务部	王向飞	优秀
16	北京总部	商务部	安　娜	优秀
17	北京总部	商务部	许　莹	优秀
18	北京总部	商务部	张志文	优秀
19	北京总部	商务部	王　涛	优秀
20	北京总部	商务部	李澍林	优秀
21	北京总部	商务部	闪其骏	优秀
22	北京总部	项目管理部	李国英	优秀
23	北京总部	项目管理部	周　阳	优秀
24	北京总部	项目管理部	杨昊林	优秀
25	北京总部	项目管理部	李　霞	优秀
26	北京总部	项目管理部	梁岗岩	优秀
27	北京总部	项目管理部	荆春宁	优秀

续表

序号	单 位	部 门	姓名	绩效等级
28	北京总部	项目管理部	堵树宏	优秀
29	北京总部	项目管理部	郃 江	优秀
30	北京总部	项目管理部	韩国庆	优秀
31	北京总部	项目管理部	李文睢	优秀
32	北京总部	项目管理部	张 利	优秀
33	北京总部	项目管理部	刘诗华	优秀
34	北京总部	项目管理部	陈 兵	优秀
35	北京总部	项目管理部	李晓民	优秀
36	北京总部	采购部	韩松柏	优秀
37	北京总部	采购部	王志宏	优秀
38	北京总部	采购部	阚 烁	优秀
39	北京总部	采购部	杨懿涵	优秀
40	北京总部	采购部	马丙增	优秀
41	北京总部	采购部	郭计增	优秀
42	北京总部	采购部	周 辉	优秀
43	北京总部	采购部	张德魁	优秀
44	北京总部	采购部	孙佳丽	优秀
45	北京总部	采购部	郭 林	优秀
46	北京总部	采购部	田 浩	优秀
47	北京总部	采购部	王 欣	优秀
48	北京总部	采购部	彭巧玲	优秀
49	北京总部	采购部	吴德波	优秀
50	北京总部	采购部	杨泽伟	优秀
51	北京总部	采购部	蒲昌华	优秀
52	北京总部	施工管理部	张金勇	优秀
53	北京总部	施工管理部	李丽涛	优秀
54	北京总部	调试中心	王 蔚	优秀
55	北京总部	堆工所	邱 林	优秀
56	北京总部	堆工所	米爱军	优秀
57	北京总部	堆工所	王炳衡	优秀
58	北京总部	堆工所	高桂玲	优秀

续表

序号	单 位	部 门	姓名	绩效等级
59	北京总部	堆工所	詹经祥	优秀
60	北京总部	堆工所	霍小东	优秀
61	北京总部	电仪所	李玉荣	优秀
62	北京总部	电仪所	王 欣	优秀
63	北京总部	电仪所	宋 磊	优秀
64	北京总部	电仪所	刘晓波	优秀
65	北京总部	电仪所	范 遂	优秀
66	北京总部	电仪所	常宗虎	优秀
67	北京总部	电仪所	张学勤	优秀
68	北京总部	电仪所	黄 耀	优秀
69	北京总部	电仪所	杨庆彧	优秀
70	北京总部	电仪所	冉慧敏	优秀
71	北京总部	电仪所	费云艳	优秀
72	北京总部	电仪所	李 晟	优秀
73	北京总部	电仪所	王 慈	优秀
74	北京总部	电仪所	张 帆	优秀
75	北京总部	总图所	吴德成	优秀
76	北京总部	总图所	杨球玉	优秀
77	北京总部	总图所	耿学勇	优秀
78	北京总部	总体所	宋代勇	优秀
79	北京总部	总体所	范 黎	优秀
80	北京总部	总体所	赵树峰	优秀
81	北京总部	总体所	孙 凤	优秀
82	北京总部	总体所	孙金龙	优秀
83	北京总部	总体所	邓 伟	优秀
84	北京总部	总体所	谭广萍	优秀
85	北京总部	总体所	孙 涛	优秀
86	北京总部	总体所	尚 臣	优秀
87	北京总部	工程经济所	迟 静	优秀
88	北京总部	工程经济所	刘兆军	优秀
89	北京总部	工程经济所	李庆梅	优秀

续表

序号	单 位	部 门	姓名	绩效等级
90	北京总部	工程经济所	余 蓉	优秀
91	北京总部	工程经济所	尚 鑫	优秀
92	北京总部	工程经济所	张胜利	优秀
93	北京总部	工程经济所	杨利荣	优秀
94	北京总部	工程经济所	张 弘	优秀
95	北京总部	系布所	苏鸣皋	优秀
96	北京总部	系布所	邓 涛	优秀
97	北京总部	系布所	王元珠	优秀
98	北京总部	系布所	时 东	优秀
99	北京总部	系布所	孙大千	优秀
100	北京总部	系布所	刘 虎	优秀
101	北京总部	系布所	张手琴	优秀
102	北京总部	系布所	李昭清	优秀
103	北京总部	系布所	李 军	优秀
104	北京总部	系布所	李嫦月	优秀
105	北京总部	系布所	王志超	优秀
106	北京总部	系布所	史凤华	优秀
107	北京总部	系布所	张吉来	优秀
108	北京总部	系布所	龚 钊	优秀
109	北京总部	系布所	刘树斌	优秀
110	北京总部	系布所	于 勇	优秀
111	北京总部	系布所	罗 阳	优秀
112	北京总部	系布所	徐建刚	优秀
113	北京总部	建筑所	孙满予	优秀
114	北京总部	建筑所	冯金祺	优秀
115	北京总部	建筑所	王黎丽	优秀
116	北京总部	建筑所	刘玉林	优秀
117	北京总部	建筑所	孟 剑	优秀
118	北京总部	建筑所	石新伟	优秀
119	北京总部	建筑所	王江飞	优秀
120	北京总部	建筑所	刘 敏	优秀

续表

序号	单　位	部　门	姓名	绩效等级
121	北京总部	建筑所	刘　峰	优秀
122	北京总部	建筑所	赵　迪	优秀
123	北京总部	建筑所	唐　琳	优秀
124	北京总部	建筑所	徐浩明	优秀
125	北京总部	建筑所	管永涛	优秀
126	北京总部	建筑所	彭　超	优秀
127	北京总部	建筑所	杜文欣	优秀
128	北京总部	建筑所	吕志锋	优秀
129	北京总部	建筑所	张荣勇	优秀
130	北京总部	建筑所	王　莉	优秀
131	北京总部	建筑所	李园圆	优秀
132	北京总部	建筑所	吴梅金	优秀
133	北京总部	建筑所	张文磊	优秀
134	北京总部	建筑所	丁　燕	优秀
135	北京总部	建筑所	郭　璇	优秀
136	北京总部	化工所	王悦云	优秀
137	北京总部	化工所	胡彦涛	优秀
138	北京总部	化工所	张　威	优秀
139	北京总部	化工所	侯辉娟	优秀
140	北京总部	化工所	赵庆彬	优秀
141	北京总部	化工所	王广开	优秀
142	北京总部	化工所	曾　鑫	优秀
143	北京总部	化工所	汤丽华	优秀
144	北京总部	化工所	单海军	优秀
145	北京总部	化工所	陈　玺	优秀
146	北京总部	化工所	马　敬	优秀
147	北京总部	化工所	华梅芳	优秀
148	北京总部	设备所	姚春玲	优秀
149	北京总部	设备所	周洪琦	优秀
150	北京总部	设备所	王　庆	优秀
151	北京总部	设备所	刘天斌	优秀

续表

序号	单　位	部　门	姓名	绩效等级
152	北京总部	设备所	唐兴贵	优秀
153	北京总部	设备所	李建奇	优秀
154	北京总部	设备所	崔　岚	优秀
155	北京总部	设备所	石　兵	优秀
156	北京总部	设备所	路晓晖	优秀
157	北京总部	设备所	王晓轩	优秀
158	北京总部	设备所	郭利峰	优秀
159	北京总部	建筑工作室	王　飞	优秀
160	北京总部	建筑工作室	王　兴	优秀
161	北京总部	建筑工作室	王经建	优秀
162	北京总部	建筑工作室	李雪辉	优秀
163	郑州分公司	郑州分公司	王　薇	优秀
164	郑州分公司	郑州分公司	白维卿	优秀
165	郑州分公司	郑州分公司	邸迎春	优秀
166	郑州分公司	郑州分公司	叶　波	优秀
167	郑州分公司	郑州分公司	张春燕	优秀
168	郑州分公司	郑州分公司	黄路路	优秀
169	郑州分公司	郑州分公司	李　凯	优秀
170	郑州分公司	郑州分公司	王　飞	优秀
171	郑州分公司	郑州分公司	尚建华	优秀
172	郑州分公司	郑州分公司	孔令利	优秀
173	郑州分公司	郑州分公司	张　平	优秀
174	郑州分公司	郑州分公司	陈军伟	优秀
175	郑州分公司	郑州分公司	赵柏玲	优秀
176	郑州分公司	郑州分公司	梁攀成	优秀
177	郑州分公司	郑州分公司	钱　冰	优秀
178	郑州分公司	郑州分公司	郭永近	优秀
179	郑州分公司	郑州分公司	尚自强	优秀
180	郑州分公司	郑州分公司	孙葆琪	优秀
181	郑州分公司	郑州分公司	李　璨	优秀
182	郑州分公司	郑州分公司	刘家礼	优秀

续表

序号	单　位	部　门	姓名	绩效等级
183	郑州分公司	郑州分公司	柴昱林	优秀
184	郑州分公司	郑州分公司	翟家海	优秀
185	郑州分公司	郑州分公司	蒋　涛	优秀
186	郑州分公司	郑州分公司	彭　玲	优秀
187	郑州分公司	郑州分公司	李雅男	优秀
188	郑州分公司	郑州分公司	王珑璋	优秀
189	郑州分公司	郑州分公司	李云龙	优秀
190	郑州分公司	郑州分公司	杜学剑	优秀
191	郑州分公司	郑州分公司	宋振钢	优秀
192	郑州分公司	郑州分公司	尹良果	优秀
193	郑州分公司	郑州分公司	周国勤	优秀
194	郑州分公司	郑州分公司	彭　玮	优秀
195	郑州分公司	郑州分公司	严　浩	优秀
196	郑州分公司	郑州分公司	贾素奎	优秀
197	郑州分公司	郑州分公司	牛　宁	优秀
198	郑州分公司	郑州分公司	李　勍	优秀
199	郑州分公司	郑州分公司	李桂浩	优秀
200	郑州分公司	郑州分公司	靳　亮	优秀
201	郑州分公司	郑州分公司	张利刚	优秀
202	郑州分公司	郑州分公司	孙小凌	优秀
203	郑州分公司	郑州分公司	司涛涛	优秀
204	郑州分公司	郑州分公司	陈鼎杰	优秀
205	郑州分公司	郑州分公司	袁治铭	优秀
206	郑州分公司	郑州分公司	张海潮	优秀
207	郑州分公司	郑州分公司	樊　武	优秀
208	郑州分公司	郑州分公司	洪海泉	优秀
209	郑州分公司	郑州分公司	秦志伟	优秀
210	郑州分公司	郑州分公司	朱彦伟	优秀
211	郑州分公司	郑州分公司	陈凤新	优秀
212	郑州分公司	郑州分公司	安晓东	优秀
213	郑州分公司	郑州分公司	闫　敏	优秀

续表

序号	单　位	部　门	姓名	绩效等级
214	郑州分公司	郑州分公司	秦成立	优秀
215	河北分公司	河北分公司	刘　琴	优秀
216	河北分公司	河北分公司	王　芳	优秀
217	河北分公司	河北分公司	孙会生	优秀
218	河北分公司	河北分公司	贾卫超	优秀
219	河北分公司	河北分公司	梁耀龙	优秀
220	河北分公司	河北分公司	张伟东	优秀
221	河北分公司	河北分公司	张美池	优秀
222	河北分公司	河北分公司	周同盼	优秀
223	河北分公司	河北分公司	杨　勇	优秀
224	河北分公司	河北分公司	孙传军	优秀
225	河北分公司	河北分公司	苏英华	优秀
226	河北分公司	河北分公司	王亚群	优秀
227	河北分公司	河北分公司	刘世峰	优秀
228	河北分公司	河北分公司	陈华东	优秀
229	河北分公司	河北分公司	韩志峰	优秀
230	河北分公司	河北分公司	常　亮	优秀
231	河北分公司	河北分公司	李奇君	优秀
232	河北分公司	河北分公司	李德华	优秀
233	河北分公司	河北分公司	李建敏	优秀
234	河北分公司	河北分公司	王　建	优秀
235	河北分公司	河北分公司	尹增广	优秀
236	河北分公司	河北分公司	牛春刚	优秀
237	河北分公司	河北分公司	李尚武	优秀
238	河北分公司	河北分公司	孔敏娜	优秀
239	河北分公司	河北分公司	张伟明	优秀
240	河北分公司	河北分公司	徐建东	优秀
241	河北分公司	河北分公司	刘玉磊	优秀
242	河北分公司	河北分公司	刘栋鑫	优秀
243	河北分公司	采购部河北分部	杜新宇	优秀
244	河北分公司	采购部河北分部	周　杰	优秀

续表

序号	单　位	部　门	姓名	绩效等级
245	河北分公司	采购部河北分部	张晓峰	优秀
246	河北分公司	采购部河北分部	马文胜	优秀
247	河北分公司	采购部河北分部	张　军	优秀
248	河北分公司	采购部河北分部	张立强	优秀
249	河北分公司	采购部河北分部	刘云辰	优秀
250	河北分公司	采购部河北分部	王丹丹	优秀
251	海南核电项目部	海南核电项目部	赵立民	优秀
252	海南核电项目部	海南核电项目部	孙　建	优秀
253	海南核电项目部	海南核电项目部	陶　涛	优秀
254	海南核电项目部	海南核电项目部	陈　永	优秀
255	海南核电项目部	海南核电项目部	陈玉峰	优秀
256	海南核电项目部	海南核电项目部	王必欣	优秀
257	海南核电项目部	海南核电项目部	庞　曼	优秀
258	海南核电项目部	海南核电项目部	张会乔	优秀
259	海南核电项目部	海南核电项目部	刘小伟	优秀
260	海南核电项目部	海南核电项目部	徐世杰	优秀
261	海南核电项目部	海南核电项目部	何勋生	优秀
262	海南核电项目部	海南核电项目部	曹旭光	优秀
263	海南核电项目部	海南核电项目部	胡树超	优秀
264	田湾核电扩建工程项目部	田湾核电扩建工程项目部	冯守佳	优秀
265	田湾核电扩建工程项目部	田湾核电扩建工程项目部	赵国松	优秀
266	田湾核电扩建工程项目部	田湾核电扩建工程项目部	杨晓蓉	优秀
267	田湾核电扩建工程项目部	田湾核电扩建工程项目部	于　朋	优秀
268	田湾核电扩建工程项目部	田湾核电扩建工程项目部	朱海宇	优秀
269	福清核电项目部	福清核电项目部	张　盖	优秀
270	福清核电项目部	福清核电项目部	姚加仓	优秀
271	福清核电项目部	福清核电项目部	郑　焱	优秀
272	福清核电项目部	福清核电项目部	胡远志	优秀
273	福清核电项目部	福清核电项目部	付艳龙	优秀
274	福清核电项目部	福清核电项目部	王百良	优秀
275	福清核电项目部	福清核电项目部	叶书江	优秀

续表

序号	单 位	部 门	姓名	绩效等级
276	福清核电项目部	福清核电项目部	于洪程	优秀
277	福清核电项目部	福清核电项目部	赵宝贵	优秀
278	福清核电项目部	福清核电项目部	赵会明	优秀
279	福清核电项目部	福清核电项目部	李 魁	优秀
280	福清核电项目部	福清核电项目部	闫 涛	优秀
281	福清核电项目部	福清核电项目部	许 超	优秀
282	福清核电项目部	福清核电项目部	陈 锋	优秀
283	方家山核电项目部	方家山核电项目部	杨子江	优秀
284	方家山核电项目部	方家山核电项目部	王晓东	优秀
285	方家山核电项目部	方家山核电项目部	贾海红	优秀
286	方家山核电项目部	方家山核电项目部	胡 玲	优秀
287	方家山核电项目部	方家山核电项目部	姜 磊	优秀
288	方家山核电项目部	方家山核电项目部	王保增	优秀
289	方家山核电项目部	方家山核电项目部	刘 红	优秀
290	方家山核电项目部	方家山核电项目部	杨 宇	优秀
291	方家山核电项目部	方家山核电项目部	张昭列	优秀
292	方家山核电项目部	方家山核电项目部	丁德忠	优秀
293	方家山核电项目部	方家山核电项目部	张灵杰	优秀
294	方家山核电项目部	方家山核电项目部	王其松	优秀
295	方家山核电项目部	方家山核电项目部	齐智龙	优秀
296	方家山核电项目部	方家山核电项目部	董 斌	优秀
297	桃花江核电项目部	桃花江核电项目部	颜建国	优秀
298	桃花江核电项目部	桃花江核电项目部	李训峰	优秀
299	桃花江核电项目部	桃花江核电项目部	廖景山	优秀
300	桃花江核电项目部	桃花江核电项目部	曹 昊	优秀
301	八二一项目部	八二一项目部	王 巍	优秀
302	八二一项目部	八二一项目部	顾 琼	优秀
303	八二一项目部	八二一项目部	韦正伟	优秀
304	秦山二扩 BOP 项目部	秦山二扩 BOP 项目部	张 玲	优秀
305	秦山二扩 BOP 项目部	秦山二扩 BOP 项目部	隋庆强	优秀
306	深圳设计院	深圳设计院	刘红梅	优秀

续表

序号	单　位	部　门	姓名	绩效等级
307	深圳设计院	深圳设计院	应　竣	优秀
308	深圳设计院	深圳设计院	马　莹	优秀
309	深圳设计院	深圳设计院	刘　喜	优秀
310	上海设计院	上海设计院	刘长明	优秀
311	上海设计院	上海设计院	吴彦秋	优秀
312	四达贝克斯监理公司	四达贝克斯监理公司	张石军	优秀
313	四达贝克斯监理公司	四达贝克斯监理公司	张晓辉	优秀
314	四达贝克斯监理公司	四达贝克斯监理公司	高志芳	优秀
315	四达贝克斯监理公司	四达贝克斯监理公司	郭苏爽	优秀
316	四达贝克斯监理公司	四达贝克斯监理公司	李　康	优秀
317	四达贝克斯监理公司	四达贝克斯监理公司	李　超	优秀
318	四达贝克斯监理公司	四达贝克斯监理公司	张洪武	优秀
319	四达贝克斯监理公司	四达贝克斯监理公司	杨毅忠	优秀
320	四达贝克斯监理公司	四达贝克斯监理公司	李军建	优秀
321	四达贝克斯监理公司	四达贝克斯监理公司	陈云清	优秀
322	四达贝克斯监理公司	四达贝克斯监理公司	王希余	优秀
323	四达贝克斯监理公司	四达贝克斯监理公司	王海永	优秀
324	四达贝克斯监理公司	四达贝克斯监理公司	王　强	优秀
325	四达贝克斯监理公司	四达贝克斯监理公司	夏永红	优秀
326	四达贝克斯监理公司	四达贝克斯监理公司	杨　博	优秀
327	四达贝克斯监理公司	四达贝克斯监理公司	祁志宏	优秀
328	四达贝克斯监理公司	四达贝克斯监理公司	马朋青	优秀
329	四达贝克斯监理公司	四达贝克斯监理公司	刘　佳	优秀
330	四达贝克斯监理公司	四达贝克斯监理公司	庾涛锋	优秀
331	四达贝克斯监理公司	四达贝克斯监理公司	张文亮	优秀
332	四达贝克斯监理公司	四达贝克斯监理公司	杨帅龙	优秀
333	四达贝克斯监理公司	四达贝克斯监理公司	张兵收	优秀
334	四达贝克斯监理公司	四达贝克斯监理公司	徐义枝	优秀
335	四达贝克斯监理公司	四达贝克斯监理公司	杨劲原	优秀
336	四达贝克斯监理公司	四达贝克斯监理公司	徐明芳	优秀
337	四达贝克斯监理公司	四达贝克斯监理公司	李治富	优秀

续表

序号	单 位	部 门	姓名	绩效等级
338	四达贝克斯监理公司	四达贝克斯监理公司	陈施乐	优秀
339	四达贝克斯监理公司	四达贝克斯监理公司	严利民	优秀
340	四达贝克斯监理公司	四达贝克斯监理公司	李 阳	优秀
341	四达贝克斯监理公司	四达贝克斯监理公司	蒋岚峰	优秀
342	四达贝克斯监理公司	四达贝克斯监理公司	刘 浩	优秀
343	四达贝克斯监理公司	四达贝克斯监理公司	安会强	优秀
344	四达贝克斯监理公司	四达贝克斯监理公司	魏振军	优秀
345	四达贝克斯监理公司	四达贝克斯监理公司	卫晓峰	优秀
346	四达贝克斯监理公司	四达贝克斯监理公司	李文浩	优秀

（三）先进党支部名单

优秀党支部名单列于附表 2－6。

附表 2－6

序号	党 支 部	序号	党 支 部
1	建筑所党支部	7	河北分公司党总支核电工艺所党支部
2	福清核电现场项目部党支部	8	设备所党支部
3	堆工所党支部	9	系布所党支部
4	化工所党支部	10	海南核电现场党支部
5	秦山核电现场项目部党支部	11	郑州分公司党总支电仪所党支部
6	质安部党支部	12	四达贝克斯监理公司党总支秦山党支部

（四）优秀党员名单

优秀党员名单列于附表 2－7。

附表 2－7

序号	党 支 部	姓名
1	总经办党支部	史 欣
2	党群工作部、监察审计部、施工管理部党支部	刘彦明

续表

序号	党　支　部	姓名
3	项目管理部党支部	陈　兵、彭耀会、李晓民
4	科技部党支部	李大波
5	人力资源部党支部	李春京
6	财会部党支部	王锦华
7	质安部党支部	张　雁
8	商务部党支部	许　明、莫季长
9	采购部党支部	韩松柏、马可腾、彭巧玲
10	信息中心党支部	常俊杰
11	堆工所党支部	毛亚蔚、陈巧艳
12	总体所党支部	邓　伟、信天民
13	设备所党支部	王　庆、张耀春
14	电仪所党支部	姜　宏、李　睿
15	总图所党支部	杜建军
16	化工所党支部	吴　华、邓国清、李晓薇
17	系布所党支部	于　勇、王艳苹、丁　亮
18	建筑所党支部	施　红、王洪斗、武　婕
19	建筑工作室党支部	刘永鹏
20	工程经济所党支部	黄亚文
21	河北分公司党总支电气自动化党支部	张伟明、牛春刚
22	河北分公司党总支核电工艺所党支部	常　亮、卢春田
23	河北分公司党总支建筑结构所党支部	孙会生
24	河北分公司党总支职能部门党支部	刘栋鑫
25	郑州分公司党总支核电工艺设计所党支部	何　超
26	郑州分公司党总支土建设计所党支部	李光辉
27	郑州分公司党总支核工程研究设计所党支部	刘家礼
28	郑州分公司党总支职能部门党支部	王　刚
29	郑州分公司党总支电气仪控设计所党支部	王　琼
30	郑州分公司党总支调试中心郑州分部党支部	徐克忠
31	郑州分公司党总支技术经济所、岩土工程所党支部	杨海洪
32	郑州分公司党总支民用建筑设计研究所党支部	赵　婧
33	郑州分公司党总支工程部党支部	孙海涛

续表

序号	党 支 部	姓名
34	郑州分公司党总支核技术应用与无损检测研究所党支部	袁 平
35	上海设计院党支部	李泽斌
36	深圳设计院党支部	钟拥政
37	中核东方党支部	邹 芳、唐 意
38	四达贝克斯监理公司党总支海南党支部	燕计仓
39	四达贝克斯监理公司党总支福清党支部	王 军
40	四达贝克斯监理公司党总支秦山党支部	李建民
41	秦山核电现场党支部	张昭列、王晓东
42	福清核电现场党支部	楚建伟、宁 展
43	海南核电现场党支部	金明军
44	桃花江核电现场党支部	沈振田
45	田湾核电现场党支部	宋建军
46	八二一现场党支部	王志豪

（五）青年文明号名单

青文明号名单列于附表2－8。

附表2－8

序号	单 位	序号	单 位
1	电仪所电仪布置室	6	设备所堆本体与非标设备室
2	方家山核电现场项目部施工部土建科	7	化工所箱室成套机械设备室
3	堆工所物理室	8	系布所系统一室
4	河北分公司电气自动化所电气通信室	9	总经办
5	海南核电现场项目部施工管理部核岛土建科	10	总体所总体三室

（六）青年岗位能手名单

青年岗位能手名单列于附表2－9。

附表2－9

序号	单　位	姓名
1	采购部电气处	彭巧玲
2	电仪所仪控一室	常宗虎
3	福清核电现场项目部设计管理部	陈　锋
4	河北分公司核电工艺所工艺布置室	周同盼
5	设备所堆本体与非标设备室	王晓轩
6	建筑所结构一室	孟　剑
7	田湾核电扩建工程项目部综合管理部	冯守佳
8	项目管理部设计管理处	刘诗华
9	系布所力学室	盛　峰
10	郑州分公司工程部	马英斌

（七）先进团支部名单

先进团支部名单列于附表2－10。

附表2－10

序号	团　支　部	序号	团　支　部
1	建筑所团支部	5	福清核电现场项目部团支部
2	堆工所团支部	6	河北分公司团总支
3	工程经济所团支部	7	郑州分公司团总支民用建筑所团支部
4	方家山核电现场项目部团支部		

（八）优秀团干部名单

优秀团干部名单列于附表2－11。

附表2－11

序号	团　支　部	姓名
1	财务商务党群联合团支部	魏重阳
2	采购部团支部	李京玉
3	电仪所团支部	邹　凯　赵欣然

续表

序号	团 支 部	姓名
4	方家山核电现场项目部团支部	宋晓青
5	福清核电项目部团支部	关小凤
6	堆工所团支部	易 璇 曹殿鹏
7	工程经济所团支部	杨维波
8	海南核电项目部团支部	王 辉
9	河北分公司团总支	曹红梅 黄 哲 任坤鹏 王印玺
10	化工所团支部	张翼飞
11	建筑工作室团支部	谷悦成
12	建筑所团支部	贾鸿雁 李 扬 李 奇
13	科技人力总经办联合团支部	杨晓卿
14	田湾核电项目部团支部	孟 帅
15	设备所团支部	孙彤彤 秦 玮
16	系布所团支部	邓 涛 孙登科 孙大千
17	项目管理部信息中心联合团支部	李 阳
18	质安部团支部	陈世成
19	总体所团支部	马如冰
20	总图所团支部	王 威
21	郑州分公司团总支	陶少华 陈军伟 张成跃 李易蔚 刘 炫 高力强

（九）优秀团员名单

优秀团员名单列于附表 2－12。

附表 2－12

序号	团 支 部	姓名
1	财务商务党群联合团支部	焦南南
2	采购部团支部	赵 昱 宋金良
3	电仪所团支部	车 皓 张志良
4	方家山核电现场项目部团支部	徐 威 张灵杰
5	福清核电项目部团支部	闫 飞

续表

序号	团　支　部	姓名
6	堆工所团支部	石雪垚
7	工程经济所团支部	郭宗志
8	海南核电项目部团支部	屈灵娇
9	河北分公司团总支	杨　熙　陈恩友　刘玉磊 杨焕起　杨家兴
10	化工所团支部	窦　远　戴先葵
11	建筑工作室团支部	陈莎莎
12	建筑所团支部	王亚军
13	科技人力总经办联合团支部	刘　莉　徐　娟
14	田湾核电项目部团支部	朱海宇
15	设备所团支部	王　鹏
16	系布所团支部	王振中　范雯雯
17	项目部信息中心联合团支部	张　明
18	质安部团支部	潘暑风
19	总体所团支部	史海富
20	总图所团支部	杨立建
21	深圳设计院团支部	张　娜
22	郑州分公司团总支	杨　嘉　牛天才　王晓枭 牛鋈培　吕兴晔　曾园金 霍　星　张洁琼　郑海望

附录三　规章制度清单

截至2010年12月31日，公司共颁布规章制度119项，分为12类，具体清单如下。

（一）人力资源与薪酬管理类

人力资源与薪酬管理类规章制度列于附表3－1。

附表3－1

序号	制度名称	公文编号
1	中国核电工程有限公司总部、分公司、子公司人事工作有关权限规定	核工人发〔2008〕29号
2	中国核电工程有限公司人员借调交流管理规定	核工人发〔2008〕42号
3	中国核电工程有限公司租房补贴管理办法	核工人发〔2008〕44号
4	中国核电工程有限公司总部过渡期奖金发放规定（暂行）	核工人发〔2008〕77号
5	中国核电工程有限公司员工健康检查管理办法	核工人发〔2008〕86号
6	中国核电工程有限公司假期管理规定（暂行）	核工人发〔2008〕95号
7	中国核电工程有限公司长期在现场工作的员工休假管理办法（暂行）	核工人发〔2008〕96号
8	中国核电工程有限公司劳动用工基本条件规定（修订版）	核工人发〔2009〕55号
9	中国核电工程有限公司工资总额管理暂行办法	核工人发〔2009〕56号
10	中国核电工程有限公司分部管理办法	核工人发〔2009〕80号
11	中国核电工程有限公司劳动合同管理规定	核工人发〔2010〕22号
12	中国核电工程有限公司异地长期工作补贴管理办法（修订）	核工人发〔2010〕23号
13	中国核电工程有限公司培训管理规定	核工人发〔2010〕24号
14	中国核电工程有限公司领导人员报告个人重大事项的规定	核工人发〔2010〕25号
15	中国核电工程有限公司招聘管理规定	核工人发〔2010〕31号
16	中国核电工程有限公司专业技术职务评聘管理办法	核工人发〔2010〕72号

续表

序号	制度名称	公文编号
17	中国核电工程有限公司干部选拔任用工作管理规定	核工人发〔2010〕73号
18	中国核电工程有限公司医疗期管理办法	核工人发〔2010〕92号
19	中国核电工程有限公司关于参加哈尔滨工程大学核专业硕士班学习管理规定	核工人发〔2010〕109号
20	中国核电工程有限公司员工个人资质管理规定	核工人发〔2010〕113号
21	中国核电工程有限公司技术服务用工管理办法	核工人发〔2010〕124号
22	中国核电工程有限公司核电总承包项目部现场部穹顶吊装时点岗位标准配置方案	核工人发〔2010〕140号
23	中国核电工程有限公司绩效考核管理制度	核工人发〔2010〕142号
24	中国核电工程有限公司管理部门职责范围（版次：2）	核工人发〔2010〕143号

（二）财务资金管理类

财务资金管理类规章制度列于附表3－2。

附表3－2

序号	制度名称	公文编号
1	中国核电工程有限公司差旅费报销暂行规定	核工财发〔2008〕1号
2	中国核电工程有限公司采购部河北分部、郑州分公司调试部财务管理暂行规定	核工财发〔2008〕4号
3	中国核电工程有限公司所属分支机构、子公司财务管理暂行办法	核工财发〔2008〕5号
4	中国核电工程有限公司对外投资管理办法	核工财发〔2008〕6号
5	中国核电工程有限公司担保管理办法	核工财发〔2008〕7号
6	中国核电工程有限公司融资管理办法	核工财发〔2008〕8号
7	中国核电工程有限公司全面预算管理办法	核工财发〔2009〕4号
8	中国核电工程有限公司固定资产财务管理规定	核工财发〔2009〕6号
9	中国核电工程有限公司货币资金管理暂行规定	核工财发〔2009〕7号
10	中国核电工程有限公司财务信息化管理暂行规定	核工财发〔2009〕10号
11	中国核电工程有限公司财务印章管理暂行规定	核工财发〔2009〕12号
12	中国核电工程有限公司总部部门专项支出预算管理办法	核工财发〔2009〕13号

续表

序号	制度名称	公文编号
13	中国核电工程有限公司内部借款管理暂行规定	核工财发〔2009〕14号
14	中国核电工程有限公司资产有偿使用管理暂行规定	核工财发〔2009〕15号
15	中国核电工程有限公司大型核燃料后处理厂科技重大专项经费管理暂行办法	核工财发〔2010〕7号
16	中国核电工程有限公司预算经费审批权限一览表	核工财发〔2010〕8号
17	中国核电工程有限公司会计档案管理办法	核工财发〔2010〕10号
18	中国核电工程有限公司内部借款管理暂行规定	核工财发〔2010〕16号
19	中国核电工程有限公司国防科技工业科研经费管理办法	核工财发〔2010〕19号

（三）质量安全管理类

质量安全管理类规章制度列于附表3－3。

附表3－3

序号	制度名称	公文编号
1	中国核电工程有限公司重大事故风险管理方案	核工质发〔2009〕2号
2	中国核电工程有限公司分公司核电项目各级设计人员资格鉴定暂行规定	核工质发〔2009〕6号
3	中国核电工程有限公司辐射保健费发放管理办法	核工质发〔2009〕36号
4	中国核电工程有限公司质量管理小组管理办法	核工质发〔2010〕39号
5	中国核电工程有限公司安全生产管理办法	核工质发〔2010〕49号

（四）综合办公管理类

综合办公管理类规章制度列于附表3－4。

附表3－4

序号	制度名称	公文编号
1	中国核电工程有限公司信访工作管理办法	核工综发〔2008〕55号
2	中国核电工程有限公司规章制度编制管理规定	核工综发〔2008〕62号
3	中国核电工程有限公司子公司董事会会议联络管理办法	核工综发〔2009〕50号

续表

序号	制度名称	公文编号
4	中国核电工程有限公司法律事务管理办法	核工综发〔2009〕51 号
5	中国核电工程有限公司紧急重大情况应急处置预案	核工综发〔2009〕57 号
6	中国核电工程有限公司商业保险事务管理规定	核工综发〔2009〕58 号
7	中国核电工程有限公司专家委员会章程	核工综发〔2010〕1 号
8	中国核电工程有限公司分公司商务管理暂行办法	核工综发〔2010〕3 号
9	中国核电工程有限公司移动电话话费管理规定（修改版）	核工综发〔2010〕10 号
10	中国核电工程有限公司专家委员会工作管理办法	核工综发〔2010〕11 号
11	中国核电工程有限公司印章管理办法	核工综发〔2010〕23 号
12	中国核电工程有限公司员工行为规范	核工综发〔2010〕55 号
13	中国核电工程有限公司公务接待管理规定	核工综发〔2010〕66 号
14	中国核电工程有限公司公务车辆管理规定	核工综发〔2010〕68 号
15	中国核电工程有限公司核能大厦会议室管理规定	核工综发〔2010〕70 号
16	中国核电工程有限公司子公司信息报送管理办法	核工综发〔2010〕77 号
17	中国核电工程有限公司大事记编报工作规程	核工综发〔2010〕84 号
18	中国核电工程有限公司信息报送工作管理规定	核工综发〔2010〕85 号
19	中国核电工程有限公司工作目标管理办法	核工综发〔2010〕89 号

（五）党风与反腐倡廉类

党风与反腐倡廉类规章制度列于附表 3－5。

附表 3－5

序号	制度名称	公文编号
1	中国核电工程有限公司贯彻落实《国有企业领导人廉洁从业若干规定》实施办法	核工纪发〔2009〕2 号
2	中国核电工程有限公司党风廉政建设责任制实施办法	核工纪发〔2009〕3 号
3	中国核电工程有限公司新提任领导人廉洁谈话办法	核工纪发〔2009〕4 号
4	中国核电工程有限公司党支部工作细则	核工党发〔2009〕18 号
5	中国核电工程有限公司党委中心组理论学习的规定	核工党发〔2009〕19 号
6	中国核电工程有限公司入党积极分子培训制度	核工党发〔2009〕20 号
7	中国核电工程有限公司效能监察工作规定	核工综发〔2009〕27 号

续表

序号	制度名称	公文编号
8	中国核电工程有限公司工作人员廉洁从业规定	核工综发〔2010〕7号
9	关于授权党总支审批发展党员的实施办法（试行）	核工党发〔2010〕17号
10	中国核电工程有限公司党支部绩效考核实施办法	核工党发〔2010〕18号

（六）保卫保密管理类

保卫保密管理类规章制度列于附表3－6。

附表3－6

序号	制度名称	公文编号
1	中国核电工程有限公司保密工作责任制规定	核工综发〔2008〕45号
2	中国核电工程有限公司保密工作管理规定	核工综发〔2008〕47号
3	中国核电工程有限公司涉密人员保密管理规定	核工综发〔2008〕49号
4	中国核电工程有限公司国家秘密载体保密管理规定	核工综发〔2008〕50号
5	中国核电工程有限公司保密宣传教育与培训工作规定	核工综发〔2008〕53号
6	中国核电工程有限公司定密和变更密级管理规定	核工综发〔2008〕54号
7	中国核电工程有限公司普通密码通讯系统保密管理规定	核工综发〔2008〕58号
8	中国核电工程有限公司保密表彰与泄密违规处理规定	核工综发〔2008〕63号
9	中国核电工程有限公司保密要害部门、部位保密管理规定	核工综发〔2009〕21号
10	中国核电工程有限公司通信与办公自动化设备保密管理规定	核工综发〔2010〕28号
11	中国核电工程有限公司落实国防科技工业安全保密“六条规定”实施细则	核工综发〔2010〕39号
12	中国核电工程有限公司涉密局域网保密管理规定等十项公司涉密局域网保密管理制度	核工综发〔2010〕44号
13	中国核电工程有限公司计算机和信息系统保密管理规定	核工综发〔2010〕54号
14	中国核电工程有限公司宣传报道保密管理规定	核工综发〔2010〕64号
15	中国核电工程有限公司保密监督检查办法	核工综发〔2010〕79号
16	中国核电工程有限公司涉密项目协作配套保密管理规定	核工综发〔2010〕80号
17	中国核电工程有限公司涉密会议和其他重要涉密活动保密管理规定	核工综发〔2010〕81号
18	中国核电工程有限公司总部办公区出入管理规定	核工综发〔2010〕86号
19	中国核电工程有限公司涉外保密管理规定	核工综发〔2010〕88号

（七）经营管理类

经营管理类规章制度列于附表 3－7。

附表 3－7

序号	制度名称	公文编号
1	中国核电工程有限公司对分院及建筑工作室管理规定	核工设发〔2008〕31 号
2	中国核电工程有限公司建设项目招标管理暂行规定	核工综发〔2008〕41 号
3	中国核电工程有限公司派出董事、监事管理办法	核工综发〔2008〕57 号
4	中国核电工程有限公司子公司管理办法	核工综发〔2008〕60 号
5	中国核电工程有限公司所属分公司收入分配及预算管理暂行办法	核工设发〔2009〕56 号
6	中国核电工程有限公司总部生产单位收入分配的规定	核工设发〔2010〕8 号
7	中国核电工程有限公司子公司利润分配管理办法	核工综发〔2010〕76 号

（八）项目管理类

2010 年项目管理类没有制定新的规章制度。

（九）科技外事管理类

科技外事管理类规章制度列于附表 3－8。

附表 3－8

序号	制度名称	公文编号
1	中国核电工程有限公司科技创新评价办法	核工科发〔2010〕17 号
2	中国核电工程有限公司大型核燃料后处理科技重大专项管理办法	核工科发〔2010〕25 号
3	中国核电工程有限公司大型核燃料后处理科技重大专项月度进展报告管理办法	核工科发〔2010〕26 号
4	中国核电工程有限公司自主投入研发项目管理办法	核工科发〔2010〕68 号
5	中国核电工程有限公司国外监造报销管理办法（版次：1）	核工科发〔2010〕70 号

（十）信息安全管理类

信息安全管理类规章制度列于附表 3－9。

附表 3－9

序号	制度名称	公文编号
1	中国核电工程有限公司广域网管理暂行规定	核工综发〔2009〕5 号
2	中国核电工程有限公司桌面计算机系统管理规定	核工综发〔2009〕52 号
3	中国核电工程有限公司信息化建设项目管理暂行规定	核工综发〔2010〕45 号
4	中国核电工程有限公司无线（3G）上网卡管理规定	核工综发〔2010〕78 号

（十一）后勤保障管理类

后勤保障管理类规章制度列于附表 3－10。

附表 3－10

序号	制度名称	公文编号
1	中国核电工程有限公司实物资产管理暂行规定	核工综发〔2009〕10 号
2	中国核电工程有限公司集体户口管理暂行规定	核工综发〔2009〕20 号
3	中国核电工程有限公司核电总承包项目现场后勤管理暂行办法	核工综发〔2010〕75 号

（十二）内审与风险管理类

内审与风险管理类规章制度列于附表 3－11。

附表 3－11

序号	制度名称	公文编号
1	中国核电工程有限公司内部审计工作管理规定	核工综发〔2008〕68 号
2	中国核电工程有限公司全面风险管理工作规定	核工综发〔2009〕39 号
3	中国核电工程有限公司财务收支审计规定	核工综发〔2010〕37 号
4	中国核电工程有限公司物资采购审计规定	核工综发〔2010〕62 号

附录四　质量/环境/职业健康安全管理体系程序清单

质量/环境/职业健康安全管理体系程序清单列于附表 4 – 1。

附表 4 – 1

序号	编　号	程序名称
1	CNPE – MSP – 01	文件控制程序
2	CNPE – MSP – 02	记录控制程序
3	CNPE – MSP – 03	环境因素识别、评价与控制策划程序
4	CNPE – MSP – 04	危险源辨识、风险评价与控制策划程序
5	CNPE – MSP – 05	法律法规和其他要求管理程序
6	CNPE – MSP – 06	HSE 信息交流与协调管理程序
7	CNPE – MSP – 07	人力资源管理程序
8	CNPE – MSP – 08	项目要求确定和评审程序
9	CNPE – MSP – 09	供方评价与选择程序
10	CNPE – MSP – 10	工程总承包过程控制程序
11	CNPE – MSP – 11	工程勘察过程控制程序
12	CNPE – MSP – 12	设计策划程序
13	CNPE – MSP – 13	设计接口程序
14	CNPE – MSP – 14	设计输入程序
15	CNPE – MSP – 15	设计输出程序
16	CNPE – MSP – 16	设计评审程序
17	CNPE – MSP – 17	设计验证程序
18	CNPE – MSP – 18	设计确认程序
19	CNPE – MSP – 19	设计更改程序
20	CNPE – MSP – 20	设计技术服务程序

续表

序号	编 号	程序名称
21	CNPE－MSP－21	不合格品控制程序
22	CNPE－MSP－22	职业健康和环境保护绩效监测程序
23	CNPE－MSP－23	应急准备与响应控制程序
24	CNPE－MSP－24	事故、事件报告和调查处理程序
25	CNPE－MSP－25	内部审核/监查程序
26	CNPE－MSP－26	管理评审程序
27	CNPE－MSP－27	纠正和预防措施程序
28	CNPE－MSP－28	质量信息收集和利用程序

常用缩略语表

序号	缩写符号	注　　释
1	ADU 法	重铀酸铵法
2	BOP	辅助系统
3	CAEA	中国原子能机构
4	CAR	纠正行动要求
5	CARR	中国先进研究堆
6	CR	（对设计问题的）澄清要求
7	DCR	设计变更申请
8	DCS	数字化控制系统
9	DEN	（设计方提出的）设计改进通知
10	EIR	环境影响报告
11	EPP	安全壳泄露率监测系统
12	EVA	经济增加值
13	FCD	核岛第一罐混凝土浇注
14	FCR	（施工承包商提出的）现场变更申请单
15	FPGA	现场可编程门阵列
16	GF 报告	国防科技报告
17	H 点	停工待检点
18	HIC	高整体废物包装容器安全标准
19	HSE	安全生产
20	HVAC	暖通空调
21	IAEA	国际原子能机构
22	ITER	国际热核聚变实验堆
23	KDO	试验数据采集系统
24	KME	试验仪表系统
25	KRT	辐射监测系统

续表

序号	缩写符号	注　　释
26	KSN	三废处理系统
27	MOX	（法）钚－铀混合燃料
28	NCR	不符合项报告
29	OBN	观察意见
30	PMC	装卸料机转运装置
31	PSA	概率安全评估
32	PSAR	初步安全分析报告
33	QC	质量控制
34	R 点	审查文件记录点
35	RCP 系统	一回路系统
36	TBP	低放有机废液热解焚烧工程
37	TC 项目	技术合作项目
38	TCR	试验澄清报告
39	UES	意外事件单（调试阶段）
40	VI 手册	视觉识别系统手册
41	W 点	见证点
42	YK	放射源库
43	1MX	1 号常规岛

ISBN 978-7-5022-6090-3

定价：166.00 元